青海事宜节略（外二种）

青海地方史志文献丛书

［清］文孚素纳 著
魏明章 李葆艺 校注

青海人民出版社

图书在版编目（CIP）数据

青海事宜节略：外二种 /（清）文孚，（清）素纳著；魏明章，李葆艺校注．-- 西宁：青海人民出版社，2020.4

（青海地方史志文献丛书 / 王昱主编）

ISBN 978-7-225-05514-5

Ⅰ．①青… Ⅱ．①文… ②素… ③魏… ④李… Ⅲ．①少数民族—民族历史—青海—清代 Ⅳ．① K280.44

中国版本图书馆 CIP 数据核字 (2018) 第 000522 号

青海地方史志文献丛书

王昱　主编

青海事宜节略：外二种

（清）文孚　（清）素纳　著

魏明章　李葆艺　校注

出 版 人　樊原成

出版发行　青海人民出版社有限责任公司

西宁市五四西路 71 号　邮政编码：810023　电话：（0971）6143426（总编室）

发行热线　（0971）6143516 / 6137730

网　　址　http://www.qhrmcbs.com

印　　刷　陕西龙山海天艺术印务有限公司

经　　销　新华书店

开　　本　890 mm × 1240 mm　1/32

印　　张　5.25

字　　数　100 千

版　　次　2020 年 7 月第 1 版　2020 年 7 月第 1 次印刷

书　　号　ISBN 978-7-225-05514-5

定　　价　30.00 元

总　序

青海地方史志文献是宝贵的历史文化资源

青海人民出版社策划出版的《青海地方史志文献丛书》,收录了青海古代、近代最为重要的一些地方志等文献典籍。把这些弥足珍贵的文化遗产,用出版丛书的形式保存和利用起来,是一件有益当今、惠及后世的文化建设工作,是十分必要和及时的。

中国有编修地方志的优秀传统,清代方志学家章学诚谓"方志乃一方全史"。地方志是记载一个地区自然和社会历史的综合性著作,对当地的疆域山川、建置沿革、历史事件、物产、资源、天文、气候、水利、交通、户籍、财赋、职官、选举、人物、民族、民俗风情、文化教育、名胜古迹等，都做了较详细的记述和考证。因其内容广博，包罗万有，后来又被人们誉为“地方之百科全书”。

地方志书不仅内容全面，而且有较强的科学性、可靠性。地方志资料除取材于正史外，还取材于当时当地的公文档案、谱牒家传、金石碑刻、笔记信札等原始材料，有些资料还来源于野老口说和实地调查采访。许多不被正史编纂者所重视的有用资料，往往在地方志书中得以保存。章学诚说：“修志有二便，地近易核，时近迹真。”由于纂修方志的主持者一般系当时当地的最高行政官员，执笔编纂者一般系本地的缙绅文人，所以在调查研究、征集资料、考证核实等方面是有其方便之处的。如[乾隆]《西宁府新志》的作者杨应琚，就是当时出任西宁道的地方行政官员，他把修志作为自己的责任，调查、编纂、校对等咸出自一人之手。这种当代人写当地事的地方文献资料，接近实际，取材翔实，其可靠程度往往在其他文献之上。

周恩来总理曾于1958年在《关于整理善本的指示》中指出：“我国是一个文化悠久的大国，各县都编有县志，县志中就保存了不少关于各地经济建设的有关资料，我们除了编印全国所藏方志目录外，还要有系统地整理县志中及其他书籍中的有关科学技术资料，做到古为今用。”周总理于1959年4月在邀集60岁以上全国政协委员的茶话会上讲道:“……现在当然首先要研究现实问题，反映新的情况，但对过去的东西也需要研究,新的东西总是从旧的基础上发展起来的。过去编的府志、县志,保存了许多有用的史料。”古旧方志中有许多对现代社会经济发展和科学研究事业十分有用的资料,如关于本地物产、土特产、土地、田赋、税役、农业、手工业、商业等经济史料;关于矿产资源、水利资源、天文星野、江河水文、气候变迁、水旱灾害、地震、水利、交通、医药等科学史料;关于疆域山川、地形地貌、江河湖海、城池关隘等地理史料;关于阶级斗争、农民起义、历史沿革、兵制兵防、历史事件、历史人物等军政史料;关于户籍人口、民俗民情、民族宗教、方言俗语等社会史料;关于地方艺文、金石碑刻、古城遗址、文物古迹等文化史料……这些珍贵的资料,既有历史价值,又有现实科学研究价值。随着岁月的流转,许多事物已发生了很大的变化,地方上很久以前的事现代人难以知晓,当时当地的情况却在地方志中用文字保留下来了。

早在20世纪30年代,著名历史学家顾颉刚先生曾经为地方志这一丰富而珍贵的文化遗产未被重视和利用而感叹曰:“如此缜密系统之记载，顾无人焉能充分应用之,岂非学术界一大憾事耶！”(《中国地方志综录·序》)新中国成立后,在党和政府的重视下,许多科研部门和史志工作者通过对旧方志资料的整理研究,在历史、地理、经济、文化、天文、地震、水利等方面，撰写了许多专著和其他科研成果，在古为今用方面作出了有益的贡献。20世纪80年代以来，全国大规模地编修社会主义新方志，一大批新方志成果在各地陆续出版，不断丰富了地方历史文化宝库。在这些重要的历史文化建设工程中，古旧地方文献起到了奠基性的作用。

今天的历史，是过去历史的延续。整理出版古旧的地方史志文献资料，有利于我们了解地方历史，熟悉各方面的情况，这是一件十分重要的工作。从事地方工作的人们，从阅读地方史志文献资料入手，了解地方各方面的情况，则是一个便捷的渠道。古代许多有头脑的封建官吏，走马上任，下马观志，把地方志书作为“辅治之鉴”。唐朝韩愈南行，路过梅岭，先借《韶州图经》；宋朝朱熹赴南康军任职，下车伊始，便找《南康军志》。这些大学问家看重地方志的故事，至今还为人们所称道。新中国成立后，许多有见地的领导干部也常利用地方志来了解本地区的历史和现状，熟悉省情、地情和县情。阅读和研究地方史志文献资料，可为我们在从事地方建设时，如何从实际出发，发挥地方优势，进行科学决策，提供历史依据，从地方社会历史发展中寻找事物发展的规律，从而使我们少走弯路。

青海地处西北，东接秦陇，西通西域，南交蜀藏，北护甘凉，战略地位十分重要，自古以来就是许多政权和民族争夺之地,所以历代战事频繁。青海高原自然条件严酷,古代交通闭塞,文化相对落后,历史文献本身留存较少,加上历代战乱频仍、兵燹水浸和其他原因,青海历史上最早的一些史志文献早已散失佚尽。明代中叶以前,青海无地方志。明代中叶以后,各地修志之风盛行,青海地区曾出现明嘉靖间邑人张芝草创《西宁卫志》、万历间刘敏宽、龙膺纂修《西宁卫志》。可惜这两部明代志书不久便非佚即残。清顺治十二年(公元1655年),曾任西宁通判的张伟绩为清初方志《西宁志》作序,说他在莅位之时曾寻访地方典籍,“欲辑一代之书,然博访旧闻,旁咨故老,皆无有存者。嗟乎,杞宋无征,文献澌灭也!”清苏铣在纂修[顺治]《西宁志》时,明代两部方志全本已佚。清杨应琚纂修[乾隆]《西宁府新志》时称“湟中旧志久失,而见存者荒谬不雅驯……而边垂质野,文献无征,是西宁郡志作者为尤难也。”(《西宁府新志》杨应琚序)。清《四库全书·存目提要》谓:“西宁在国初为军民指挥使司,本临边之地,文献罕征。”古代官员均以青海地处边陲,流传下来的地方史志资料稀少而感叹,所以流传至今的地方历史文献显得弥足珍贵。

青海古旧地方志总体上处于数量小、流传少、使用不便的状况。20世纪80年代以来,青海人民出版社已印行了一些地方志书,现在又经过了二三十年的时间,社会需求仍然十分广泛。用丛书的形式整理出版青海地方史志文献,便于系统地保存流传这一珍贵的历史文化资源。这套丛书由青海人民出版社戴发望副总编辑等人精心策划，逐一选定入选图书，奔波于省内专家学者之间，落实校勘任务，精心编审，做了大量的工作。丛书中所收录的志书，大多是在原出版物的基础上，再一次做了标点、核对、校订、注释等工作，对部分误字、衍字、脱文等做了纠正，对断句标点做了进一步的斟酌修改，对重要的历史事件、人名、地名等做了必要的核查，对记述失实和疑误之处加了注释和说明。这种必要的校勘整理工作，提高了这批古籍文献的使用价值，有利于今人和后人更好地利用，有利于长久地流传和保存。这套丛书的出版，实为一项不朽的业绩，是一件抢救和保存地方文化的幸事！这套丛书的存史和资政作用，将会在青海历史上长久地展现出来。

这套丛书付梓前，出版社的同仁约我作序，我虽从事文史研究工作多年，但各类知识尚属浅薄，曾一再推辞，但仍难辞雅命。为不负重托，又出于对青海地方史志文献的偏爱，谨作以上文字，以为丛书序言。

王昱

2015年9月

新刊《青海事宜节略》序

青海地处西陲，山河带砺，为国屏藩。江河东下，川原广袤，旧为我国古代民族羌戎牧地，为羌戎文化之中心。汉唐拓边，且为中西交通要道。迨宋南迁，时异势移，汉唐之经营，关塞之雄固，均寝归废弃。明清两代，以西陲多事，于民族之安戢，生产之恢复，倍加重视，略复旧观。但自鸦片战争以还，西方侵略势力东来，新藏多事，青海国防地位，益形突出。而往事垂鉴，记载缺略，识者憾焉！

有清一代，虽在其晚期，以内忧外患，国势凌替，终沦于半封建半殖民地之地位。然其初期，国威弘扬，四境安宁，为我中华统一的多民族国家建设的完成时期。由历史发展而言，中国历代均属于统一的多民族国家，而元代与清代疆域的弘阔，均有逾汉唐，并且王朝之建立者，为蒙古族、满族两少数民族。更就边界言，自乾隆以还之国土，概以《大清一统志》为权舆。故以统一强国为己任，为中国历史上各民族共同宿愿与志趣。多民族而统一，共存共荣，为中国立国之一大特色，亦为立国之精神所在，清代于此，殊多贡献。设若究其所由，则与其始终重视民族关系与适时采取相应措施有关。青海办事大臣衙门之设立，即其一端也。

清雍正时，平定青海蒙古亲王罗布藏丹津之乱，鉴于边疆安定、民族关系之重要性，因依驻藏大臣之例，以今青海省湟源县日月山以西，以迄青南、甘南蒙藏地区为范围，于西宁设立“钦差办理青海蒙古番子事务大臣衙门”，派驻办事大臣一员，专理此间蒙藏与边防事务。其中满员文孚于任职期间，查阅档案，随笔摘要，略同备忘。其间或杂采故事，兼及现实，而其事既多未审，复无统系，有亏著述之体。友人魏君明章，夙好旧闻，于乡邦文献，稽考尤勤。尝以历任青海办事大臣均无记述行世，而文孚《青海事宜节略》略存旧典，不无参考价值，因为之校释。

夫蒙藏事务，有关民族团结与边防大计，前事不忘，后事之师，及今而后，其任更重。方今民族区域自治，宗教信仰自由，发展民族经济与弘扬民族文化诸项政策之制定与推行，为加强民族大团结，建设有中国特色之社会主义开辟前路，踵事增华，继往开来，均远轶前代。则魏君兹整理之本，亦有现实意义存焉。

壬申孟冬　化隆　李得贤　谨序

前　言

《青海事宜节略》手抄本，向未见著录。1936年我得之于西宁李圭臣后裔家。圭臣在清光绪年间曾任西宁办事大臣衙门通事。

此书为嘉庆十五年(1810)，文孚任西宁办事大臣时所撰。其编写的缘起，据他的自序说："青海署设自雍正三年，案牍□□，□览无遗。余公余之暇，每一披阅，凡有关边防之大计，政务之因革者，挈其大略，手录一卷，以备考查。"

此次整理重印的本子，共分两部分：一、《青海事宜节略》；二、附录：(一)《青海衙门纪略》；(二)《湟中杂记》。

《青海事宜节略》记述了自清雍正三年(1725)设立青海办事大臣署到文孚任青海办事大臣期间，共85年，青海蒙古族、藏族、回族、撒拉族，主要是蒙古族、藏族中的重大事件，就事情的起因、变化发展过程以及如何解决和善后措施，逐件加以概括整理，实际上是一部雍正、乾隆、嘉庆时期的青海民族史纲。《青海衙门纪略》则记述自青海衙门(全称"钦差办理青海蒙古番子事务大臣署"，简称"青海办事大臣署"，自乾隆朝起，通称"西宁办事大臣衙门")设置至乾隆四十一年间的有关事务。《湟中杂记》部分，用志的体裁记述了青海建置、山川、职官、兵防、寺院、民族、贡赋等方面的资料，对研究青海地方史志有着重要的文献价值。

《青海事宜节略》及《青海衙门纪略》向以手抄本形式流传，俱未曾刊行过；宣统庚戌岁(1910)罗振玉刻《玉简斋丛书》，收有命名为《湟中杂记》一编，笔者核对之下，发现就是《青海事宜节略》抄本中附在《青海衙门纪略》之后，没有名称标题的那一部分资料。按《清史稿·疆臣年表》及《清实录·仁宗实录》所载，文孚于嘉庆十三年(1808)继那彦成为西宁办事大臣，十六年十月离任；素纳于嘉庆二十五年(1820)二月继福宁为西宁办事大臣，道光元年(1821)十月离任。文孚的《青海事宜节略》系他从档案中“挈其大略，手录一卷，以备考查”者，而素纳的《青海衙门纪略》则是他向清廷上奏的文件，两者先后相隔的时间约8年，但令我们不解者，素纳的《青海衙门纪略》既然是奏折，理应全面报告他本人在任时为止的先前的有关事宜，然而这个抄本则止于乾隆四十一年 (1776)，尚缺1777—1821年40余年的资料。作为奏折，似不应如此疏忽，有可能系经过同治时西宁地区发生扰攘的那个年代里，该衙门的档案也由于无人管理而遭散失，所以有此漏缺；或者光绪年间书吏们誊抄时，没有搜罗到后面的原文，而仅抄录了一半。由于它不是文孚所辑，时间又在其后，整理时作为附录(一)。至于本书附录(二)叙述的从“一、建置　西宁府”起的这一部分资料，罗振玉先生虽标为《湟中杂记》，惜未说明资料来源、著者身世，似为同一种资料的不同传抄本。李圭臣家收藏的抄本中把它附在《青海衙门纪略》之后，没有书名标题。若把它作为《青海衙门纪略》所缺之后半部分，则文不对题，不合纪略体裁，而且脱漏甚多。为了慎重起见，按罗振玉先生的刊定，仍标以《湟中杂记》。笔者认为这部分资料，从文内时间推论，止于文孚任职时，可能系文孚所辑。

由于该书为手抄本，限于抄录者之水平及其各取所需，在《青海事宜节略》之末尾，有关于清廷规定官员跟役的资料。这部分资料系通行于全国者，与青海事宜不那样密切，可能是抄录者认为有参考之处，附于书末，整理时未加删除，隔一空行，仍附于后。

此书原未分段，也无标点，整理时进行了分段标点，并加了一些注释。对文内明显的错误及前后不一致的人名、地名、族名等用〔 〕作了校订；对文内脱落字等，用( )作了填补或说明；对文内原有的注文，有( )内加“原注”字样后照录于后；帝王年号之后均用( )注明公元纪年，以便查考；对文内衍文，用〈 〉标出；因手抄本破损而缺遗之字，用□表示空缺。为了读者查阅方便，对原无各级标题的《湟中杂记》部分，按照其有关内容，分别增加并在“标题”前标明“一”至“十三”序数。

此书作者由于时代局限，文中不可避免地存在一些封建主义色彩的用语，或贬损少数民族之辞，因本书是历史资料，对原书文字未作更动。

青海省民族宗教事务委员会少数民族古籍办公室将这本书列入《青海少数民族古籍丛书》出版，体现了党和政府对民族文化史料的重视和关怀。

此书在整理过程中曾得到青海师范大学古籍整理研究室、青海省离退休科技工作者协会民族史料研究所、青海省图书馆地方历史资料部的鼓励和支持，青海民族学院教授李得贤(文实)先生为标注本写了序言，郭敞、金索南、马忠等先生曾多方予以协助，在此一并深致谢意。

因限于水平，标注工作还存在不少缺点和错误，请有关专家和读者批评指正。

魏明章

1992年10月于西宁

总　　目

青海事宜节略[清]文孚著　魏明章校注　/1

青海衙门纪略[清]素纳著　魏明章校注　/53

湟中杂记[清]文孚著　李葆艺　魏明章校注　/75

后记　/148

青海事宜节略

[清] 文孚 著

魏明章 校注

自　序[1]

湟中[2]自古为用武地，由汉讫今，各部落迭为边患。

世宗宪皇帝[3]神谟广运，命将剿抚兼用，永靖遐荒。近接巴蜀，远通卫藏，中外一家，可谓超越千古矣。然番族世习游牧，难强其带牛佩犊。

国家圣圣相承，于边徼重镇武备，未尝一日废，故能久安长治，民不知兵也。青海署[4]设自雍正三年，案牍□□，□览无遗。余公余之暇，每一披阅，凡有关于边防之大计，政务之因革者，挈其大略，手录一卷，以备考查。至历年奏章文移，条目繁多，未暇详载焉。

嘉庆十五年岁次庚午清和八日

长白[5]文孚谨识

注释：

[1]原书无“自序”二字，标题由整理者所加。

[2]湟中：指今青海湟水两岸一带，包括湟源、湟中、西宁、大通、互助、平安、乐都、民和等县市辖境，古称“湟中地”，习称“湟中”。

[3]世宗宪皇帝：清世宗爱新觉罗胤禛，年号雍正。

[4]青海署：全称“钦差办理青海蒙古番子事务大臣署”，或“钦

差西宁办事大臣署”及“钦差办理青海蒙古番子事务大臣衙门”。

[5]长白:地名,清光绪三十三年置府,1913年降为县,治所在今吉林省长白朝鲜族自治县。

当明之末年，有厄鲁特[1]固始汉[2]者，青海沿边直于西藏，皆为其所有。闻皇清定鼎，天威赫奕，遂稽首归命。其余喀尔喀[3]、图尔古忒[4]、准噶尔[5]、灰特[6]，俱系流居青海共蒙古种。

康熙四十一年，特沛殊恩，封固始汉子孙。罗布藏丹津[7]侵凌各部落，任性猖狂。命川陕总督年羹尧[8]等，声罪致讨，电扫风驱，势如破竹，罗布藏丹津遁逃准噶尔地方，剿抚兼施，遂永靖西徼。

雍正三年，待〔侍〕郎鄂赉同副都统达鼐分编蒙古为二十九旗[9]，编佐领[10]一百一十五个半。每旗设办〔协〕理台吉[11]一员，管旗章京[12]、参领[13]各一员。以一百五十户为一佐领，每佐领设骁骑校一员。查汉诺们罕[14]亦作为一旗，编(佐)领四个。无如蒙古易惑，无藉〔籍〕之徒间之，遂致自惧惊惶。八年[15]，公(莫尔根代)青拉插布[16]、台吉插哈(阿)拉布坦[17]无故率属潜逃，经达鼐轻骑追至木鲁乌苏[18]，二人就抚。(拉)

插布蒙恩从宽，追夺公爵，交伊叔[19]管束。插哈(阿)拉布坦在京病故，是年六年〔月〕，台吉诺尔布[20]在卡率属抢劫官兵马匹，刃伤官兵。侍郎众佛保驰往安抚各蒙古。诺尔布弃戈遁，经副都统格梅尔派兵擒获，送京讯明，解宁正法。此后人心安堵，牛羊满野，熙熙游牧，共享升平矣。青海自分旗以后，将王公等分为四班，每年轮流朝觐。每年办事大臣于六月内前往查汉诺罗海[21]地方会盟[22]一次。每三年内查旗[23]一次。每年秋冬间派蒙古兵三千名在差达木[24]一带防守，因彼时准噶尔未靖。

雍正三年十一月，达鼐奏：嗣后达赖喇嘛[25]、堪布[26]等赴京时，应请发给骡价。

四年十月，达鼐奏：西宁一带寺庙喇嘛，前明多有颁给国师[27]、禅师名号印册，师徒相传，无所底止。国初间亦有之，应请令其陆续缴销。

十一年十月，玛尔泰、达鼐奏：本年司员[28]诺木图、福宁带领兵丁，在哈尔盖[29]地方试种青稞、大麦，除籽种外，尚有盈余。

十三年，德龄、三达礼奏：自雍正十年平定玉树番子[30]，设立千户、百户、百长，议定每年派委司员前往会盟。过三年后，隔一年会盟一次。特派守备一员，官兵二十名，蒙古兵五十名同往。乾隆初年，改为三年一次会盟，至今遵行在案。

乾隆元年四月，总理事务处遵旨议奏：现在西宁等处官兵已撤，事务较少，请于德龄、塞楞、三达礼内酌留一员，裁撤二员，嗣后每届三年更换。奉旨：着德龄驻扎西宁办事，余依议。嗣后定为额缺。莽鹄赉三年任满，众王公爰戴情殷，呈请留任三年。以后有过三年更换者，有未及三年更换者。

六月，奉旨：唐古忒学生内着派往西宁四名，西藏二名，令其认真学习。西宁学艺者后裁；西藏派往四名，五年更换。

是年，奉旨：嗣后蒙古等处九之项[31]母〔毋〕庸入官，着交该札萨克等照数追出，以备犒赏出力人等之费。

二年，德龄奏：先是议政处奏定：青海距京四千余里，所有蒙古王公等应领俸银，就近由兰州藩库[32]支领；俸缎[33]、宪书[34]，内部派委笔帖式[35]送宁等因在案。惟是宪书，每致五六月方可到宁，请将宪书由驿于十月内发来为便。后改俸银由道库[36]支给。

九年九月，奉旨：青海蒙古王公等如有身生[37]未能来京瞻觐者，可令其明年至木兰行在[38]瞻觐，不得四人。雍正三年至乾隆初年，青海蒙古王公每年常川派定兵丁二千名，以备调遣。此内派出兵二百名，官四员，在特布特尔[39]、伊克差达木[40]二处要隘，协同绿营官兵防守，以防准噶尔窜逃。

十年，礼部议定：番族千户准戴五品顶戴[41]，百户六品顶戴，百长九品顶戴，准其世袭。如出缺，该大臣报部，转奏换给执照。

十三年，众佛保奏：查达赖喇嘛商上人[42]等于国初时原在查罕托罗海、库克托罗海地方住牧，以备藏使等往返乌拉[43]之差。后平定青海，即将查罕托罗海等处指给蒙古住牧，令商上人等移住索诺木[44]地方。兹据称：该处瘴气甚大，人多病亡，请移住他处等语。当今各王公等公议，情愿将自己丹巴等余地沙拉图[45]一带，自给住牧。经部议准后，又移到贝子车尔特恩多尔济[46]游牧海伦乌素[47]地方住牧。

十三年七月，众佛保奏：青海王公等闻孝贤皇后[48]升遐[49]，现有之人呈请赴京瞻觐天颜，叩谒梓宫[50]。奉旨：仍令其于十月内年班来京。

十五年十一月，奉旨：西藏郡王珠尔玛特那水扎勒[51]在藏滋事，经略大臣傅清[52]、拉木〔布〕敦[53]将其诱至寓中正法，其属下多尼尔罗布藏达什[54]等竟将傅清等戕害。现在四川总督策楞、提督岳钟琪[55]带兵赴剿，恐贼犯逃往准噶尔，着交台三〔站〕于青海要隘派兵防守等因。当即于德〔特〕布特尔、伊克差〔柴〕达木各卡派拨蒙古、绿营官兵防守外，并于由藏相通准噶尔、三哈谈霍硕、古尔班卓哈等路一体巡防。

十六年四月，舒明等奏：现在准噶尔台吉拉玛达尔吉[56]向化朝贡，西藏诸事业经办竣，所有青海相通两路之防兵，均已撤回。

九月，军机大臣[57]遵旨议奏：青海每年会盟，该蒙古等不无劳费。嗣后应照众佛保所请，隔一年会盟一次。以后各大臣遇不会盟之年，即奏明前往查旗。

二十四年十月，奏〔奉〕旨：前于青海噶斯[58]等处地方设立卡伦[59]，原恐霍卓木[60]等由此奔窜。今回疆大功告竣，霍卓木等业已就擒，所有噶斯等处卡伦，着全行截〔裁〕撤。

二十六年三月，多尔济奏：嗣后如有出口贸易人等，报明地方官，在青海衙门领有印票，查无携带禁物，方准出口；如无印票者，一概禁止出口。

九月，多尔济奏：青海南界住牧三札萨克那水〔木〕西里策旺[61]等五员，因连年被果罗〔洛〕克[62]抢劫，现在移住别旗地方内住坐，请将苏勤果勤〔勒〕等处空地分给住牧。经部议准，将苏勤果勤〔勒〕、萨尔噶勤〔勒〕津二处给与住牧。

二十九年，七十五奏：各王公等议定，共派兵一千名，在要隘地方设卡防范果罗〔洛〕克，每届半年更换。此后兵数屡有加增，设卡亦非一定之处，此数年在尚那克[63]、沙拉图等处该〔设〕卡。

七月，七十五奏：各王公等呈称：五辈达赖喇嘛[64]曾给查汉诺们罕伞纛，康熙四十四年蒙恩赏给敕书[65]。今未奉有谕旨，伞纛未敢擅用，可否换赏敕书，并应否仍用伞纛之处，恳请代为奏。经部议奏：诺们罕〔汗〕之号系康熙四十四年未赏敕书以前所有，应请毋庸换给敕书。至五辈达赖喇嘛所给伞纛，亦不过为其念经时排设之用。其寻常行走，自未便执用，所请亦毋庸议。

三十一年十月，海明奏：各王公现在共设三卡，尚那克设兵二百名，沙拉图、查汉乌素[66]二处设兵八百名。

三十二年正月，办事大臣七十五授意与蒙古王公等，照莽鹄赉之事将伊再留三年，其事发觉。奉旨：派贝子札拉丰阿前来查讯，并暂署办事大臣印务。

二月，巴尔品奏：各王公等呈请：托逊诺尔实为防范果罗[洛]克要路。尚那克请设兵二百五十名，查罕索、诺彦浑[67]二处设兵五十名，其余七百(名)俱在托逊诺尔防守。

是月，巴尔品奏：前经舒明奏准：亲王旺丹多尔济怕拉玛[68]年幼，请派司员前往办理旗务，每届三年更换。今查该亲王年已二十岁，嗣后毋庸派员前往，以节劳费。

三月，巴尔品奏：现在司员、笔帖式不敷差遣，嗣后司员、笔帖式照料蒙古札萨克进京差使，应请停止。

三十三年四月，傅景奏：向来巡查各卡，每年俱系派委司员、笔帖式一员前往，臣今年于会盟之便，先行亲赴各卡查看。

七月，傅景奏：本年会盟时带领各王公等打围五日，嗣后应请为例。数年后遂即停止。

是月，傅景奏：河南恰克图[69]地方原系公罗卜藏之地，伊移住后此地空间〔闲〕。至亲王旺丹多尔济(帕拉玛)、查汉诺们罕呈请,在此分住,经部议准。

三十四年,傅景奏:玉树会盟俱系派委司员,此次应请亲往番地会盟。奉旨:向来永〔未〕到之地,毋庸前往。

三十五年十一月,傅景奏:安国等九族[70]番子,因地震压毙五百余人,请免其马贡〔贡马〕银两[71]。奉旨:各番子均系插帐住牧,何致压毙多人?着查明具奏。续经奏称:该番子亦有插帐住牧者,亦有居位〔住〕土房者。

三十八年七月,五〔伍〕弥泰奏:青海龙神[72]应请每年致祭,嗣准〔经〕礼部议准,每年秋季致祭一次。太常寺[73]颁发香帛,陕甘总督委道、府一员陪祭。

四十年二月,奉旨:据傅景奏,贝勒吹忠札布[74]等及查汉诺们罕呈请赴藏熬茶[75],伊等自袭职,嗣后尚未来京朝觐,即欲赴藏,与理不合。如身子尚壮,俟来热河[76]瞻觐,再行赴藏可也。

九月,奉旨:札萨克公里塔尔[77]忽遇果洛克,被贼戕害,并非因公身死。该督勒尔锦〔谨〕接得咨文,即派兵三千名,以备调遣,甚属张皇。此事着西宁办事大臣福禄查明具奏。寻奉旨:派侍郎阿斯哈前来查明,公里塔尔带领数人打围,遇有番贼被害后,该章京等捏称夜间被贼劫杀,福禄并未查明,率行入奏。奉旨:福禄着革职,发往伊犁,惠龄着派往西宁办事。

四十一年二月，惠龄奏：嗣后札萨克等如有事故，其印信即交协理台吉管理，如协理台吉不晓事体，再交邻旗札萨克管。奉旨：允准。

七月，惠龄奏：查明被雪压毙格尔吉等族[78]番人户数目。奉旨：其应交银两着分别宽免。

八月，惠龄奏：嗣后各处蒙古如有赴西藏、西宁学经熬茶者，令其在部请领路票，到青海衙门查验后，另行换给票张。事竣回到西宁，仍将原票换给。

十二月，惠龄奏：青海台吉等向未准戴顶戴，嗣后及岁台吉等请照内札萨克之例，一体分别准戴。奉旨：准行。

四十二年二月，惠龄奏：青海王公等闻皇太后升遐，恳请叩谒梓宫，恭请圣安。奉旨：毋庸前来，钦此。贝子沙克都尔扎布[79]再四恳请。奉旨：着冬间来京，此次系用白摺请安。

六月，惠龄奏：四月内理藩院[80]咨开郡王纳汉达尔吉[81]呈请，将恰克图地方赏给住牧，行交查明具奏。查该处系公罗布藏查汉[82]移住间〔闲〕出之地，距台吉隆水〔本〕[83]等二旗较远，应请分给郡王纳汉达尔吉、喇嘛查汉诺们罕、台吉罗布藏丹津[84]三旗住牧。经部议准。

四十三年六月，钦差理藩院侍郎博清额会同法福礼奏：带同王公等查看防范果洛克各卡，河北二十五旗派兵七百五十名，仍在托逊诺尔等处设卡防守。河南五旗派兵三百名，在布尔哈素台等处设卡防守。尚那克在黄河逐

[迤]南,贼匪易到。现在罗布藏丹津所管佐领二个,隆本佐领四个,俱在该处住牧,请将此六个佐领人户移住河北。再查河南有阿里克番子[85]四百余户,因屡被果罗〔洛〕克抢劫,现在归入蒙古佐领内住牧,应请一并搬至河北,分在五族[旗]暂住,随同蒙古属下人等一体当差。

四十四年二月,勒尔锦〔谨〕、法福礼奏:所有洮州番仔[子]占住台吉隆木〔本〕地方,俱行判给隆本住牧。惟查僧格敦木喀尔地方虽系隆木〔本〕之地,但番子业经住牧五十余年,未便使其失所,应请给河布敦等族番住牧。奉旨:该部议奏:现在洮州所管番族仍在僧格敦木喀尔地方住牧,蒙属尚属相安。

是年十月,班禅额尔德尼[86]至〈隆〉塔尔寺居住,于四十五年三月起程,由阿拉善[87]、鄂尔多斯[88]一带行走,前赴热河瞻觐天颜。奉旨:派留保住自藏照料到宁,伍弥泰、法福礼迎至穆鲁乌素河。伍弥泰、留保住二人照料赴(京)。班禅额尔德尼在京圆寂[89]。奉旨:派尚书博清额照料其舍利[90]赴藏,留保住照料至多伦巴图弥地方即回西宁,更换诺穆汉回京。

四十五年四月,法福礼奏:班禅商上喇嘛禀称:从前原在索罗水〔本〕地方住牧,后又移住锡拉德布、僧固二处,俱有果罗〔洛〕克滋扰。乾隆二十二年移在巴彦托辉岳霍洛依地方居住等语。查此地原系札萨克班第旧住之地,现在空闲，请即令该商上人等住牧。奉旨：该部议准。后于嘉庆十一二年间，因常被果罗〔洛〕克抢劫，又移到柴达木地方，台吉棍布札布游牧内古尔班贡额尔格依地方[91]住牧，其商上人等亦有移在贝子拉克纳希第地方[92]住牧者。

四十七年，留保住奏：河南五旗蒙古常被循、贵番子抢劫，现咨陕甘总督饬交〔文〕查缉，并交蒙古等在奎屯、西里克、年处安设三卡，派章京、兵丁八百名十员名[93]防守。

是年三月，因河南黄河决口，奉旨：派乾清侍卫阿弥达[94]致祭河源。阿弥达奏：查鄂敦塔拉共有(三)溪流出，从北面及中间流出者，水系线〔绿〕色；从西南流出者，水系黄色。臣即沿溪行走四十余里，水遂伏流入土。随其痕迹又行二十余里，复见黄流涌出。又行三十里，至噶达素奇楼[95]地方，乃通藏之大路也。西面一山，山根有二泉流出，其色黄，询之蒙番等，其水名阿勒坦果勒，此盖河源也。

八月，流〔留〕保(住)奏：河北二十五旗王公等因屡被附近番子偷抢，呈明于防范果洛克卡兵外，再派兵二千名，以备调遣。

九月，留保住奏：河南五旗札萨克等因常被各番偷抢，呈请于奎屯、西里克等处共设官兵一千二百名防守。

十月，留保住奏：四十三年博清额奏准：阿里克番子应请于附近河南五旗佐领下住牧。今该目等呈称：伊等九百余户，河南五旗余地不敷住牧，请仍移在从前指给伊等旧游牧东堤地方居住。经部议准。后于嘉庆八九年间,又移在贝子车尔特恩多尔济第等游牧空地住牧,因躲避果洛克也。

四十八年二月,留保住奏:河北各旗间被果罗密[96]番子偷窃,兹于阿什罕[97]等处设立五卡,冰桥接〔结〕冻时每卡各设兵百名,冰消后各设五十名防守。

七月,留保住奏:亲赴噶达素奇楼地方恭祭河源,嗣后办事大臣每季前往致祭。

九月,留保住奏:喀拉沙尔所属图尔古忒〔土尔扈特〕汉策林那木札勒[98]差人前来聘定青海公索诺木多尔济[99]之妹为妻。

十一月,奉旨:四川所属喀木地方[100]之东科尔寺[101],西宁所属东科寺,各有一呼毕〈勤〉勒罕[102],两处喇嘛佥称均世〔系〕前世东科尔呼图克图[103]三〔之〕呼毕勒罕。但恐将来两处喇嘛争竞致滋事端,着川督、西宁办事大臣等晓谕该呼毕勒罕等,安静焚修,约束徒弟,毋得争竞滋事。

四十九年五月,甘省回匪滋事[104],因郡王纳汉达尔济等游牧与河州连界,留保住遵旨派兵一千五百名,以备调遣,且防窜逃。

十二月,奉旨:青海等处距京较远,嗣后应袭职之人情愿来京者听其自便,如不能来者着进本承袭。

五十年五月,因护送堪布之笔帖式照料不妥,经部议定，改派理藩院郎中、员外郎一员，并令经过各省督抚派委道将会同护送。

十月，刑部议奏：青海蒙古如在内地犯事，照例科断。在蒙古地方犯法，照蒙古例科断。至蒙古、番子互相偷盗之事，亦照蒙古例办理。经办理大臣福禄奏请，颁发《蒙古律例》[105]。

五十一年闰七月，普福奏：喇嘛隆布诺们罕尚未瞻觐天颜，即欲赴藏，当即饬驳。意欲私行赴藏，请交驻藏大臣[106]逐回，严行管束。奉旨：隆布诺们罕系出家之人，非札萨克至王公等可比，着免其究问。嗣后该喇嘛等如有赴藏学经者，即发给路票，但不准私自前往。

五十二年二月，普福奏：札萨克罗布藏丹津因屡被番子抢劫，请在该游牧周围刨濠以为防守之计。经饬驳，尚固执己见，再四呈恳，请将罗布藏丹津革去札萨克。

十一月，普福奏：自四十七年阿弥达、留保住致祭河源后，历年办事大臣俱经亲往致祭。但查河源在玉树番地，往返必需两月途程，蒙古预备乌拉不无劳费。请嗣后如青海大臣查旗年分，即由差〔柴〕达木一带亲往致祭。如青海会盟、番地会盟之年，即令该司员前往致祭。奉旨：准行。

五十三年四月，普福奏：青海札萨克年班早已分定四班，木兰围班向未分定，嗣后亦请分为四班，轮流备调。

八月，因巴尔布[107]贼匪滋扰后藏，普福具奏：派员晓谕玉树及蒙古等,在通藏要隘地方设兵防守。奉旨:此事刻下即可平定,且西藏距青海甚远,普福只宜暗为防范,母〔毋〕致张皇,致该蒙古听闻。

十月,普福奏:青海蒙古俸缎每年由部派委笔帖式一员解送西宁,查此项俸缎无多,应请即交护送堪布之司员便带至宁,以省驿站劳烦。

五十四年十月,奎舒奏:青海蒙古、番子性多疏懒,以致生[牲]畜常被果洛克抢劫。乾隆四十年蒙古被果洛克抢劫一案,追出银两当令一半入官交领。此次追出应交阿里克番子银两,俟四川解到时,应请一半交领,一归〔半〕解交陕甘总督归公。

五十五年二月,奎舒奏:章家〔嘉〕呼图克图[108](呼)毕勒罕出痘。奉旨:乾清门侍卫佛尔卿勒看视并赏赉物件。

三月,奎舒奏:本年恭逢皇上八旬万寿,各王公等呈请赴京祝嘏[109]。奉旨:着派一人来,当经遵派郡王纳汉达尔济进京祝嘏。又奏:土管〔观〕呼图克图[110]等恳请各差徒弟赴京恭祝万寿。奉旨:在彼讽经可也,毋庸前来。

五月,奉旨:理藩院参奏,舒濂等并未奏准,即令第木〔穆〕呼图克图徒弟等由归化城[111]一带进京买办物件,珠〔殊〕属不合,着令其明白回奏。此十余年间,每年具奏。河北二十五旗内派札萨克二员、协理台吉二员,带领蒙古兵七百五十名,在黄河北宕延达锡特格图等卡巡防果罗〔洛〕

克等番，每半年更换。又有河南五旗内派（协）理台吉一员，带领蒙古兵一千二百名，在黄河南岸奎屯、锡〔西〕里克等卡巡防循、贵各番族。

五十六年，福康安[112]等由青海驰往西藏，剿办科尔喀[113]。青海王公等捐备马匹，安设台站[114]，所有出力各员，奉旨恩赏有差。

六月，奎舒奏：贵德所属刚察等族番纠众有〔百〕余人，至河南蒙古界内抢掠，札萨克台吉沙拉普提里[115]中枪身死。当已移咨总督转饬贵德厅丞查办。奉旨：循化、贵德所管各族番归隶西宁办事大臣管辖，贵德县丞[116]改为同知[117]，自于公事有益，着勒保、奎舒妥议具奏。寻即遵旨议定贵德改设同知，二处生番[118]统归办事大臣管理。

九月，成都将军年成生奏：请将私至玉树等族住牧之德尔格[119]番子行交西宁办事大臣查明，派人解交该土司收管。

五十七年六月，奎舒奉旨：将循化、贵德各番交青海衙门管理之处，当已派员前往二厅所属七十六族熟番[120]、七十七族生番等处张掛〔挂〕晓谕。

五十八年十月，奉旨：嗣后赴藏熬茶蒙古等，十人以上请有路票，方准前往。十人以下，听其自便。

五十九年五月，奉青〔旨〕：查汉诺们罕有管理族务之责，嗣后所出呼毕勒罕，为其属下情愿者，方准有益。着该大臣密记办理，不必拘定掣签新例也。

是月，奉旨：嗣后循化、贵德文武官员，俱着西宁办事大臣调遣。

是日〔月〕，奉旨：循化、贵德各番虽交西宁办事大臣管理，其循化、贵德文武官员不隶该大臣管辖，遇事未免掣肘，嗣后循化、贵德文武着归该大臣管辖。

嘉庆元年七月，策拔克奏：四川所属德尔格番子棍藏诺尔布，因其头目凌虐，带领眷属九十三名口，就近前来西宁控告。奉旨：派侍郎奎舒前往四川，会同署督英善[121]审办。

十一月，策拔克、河南五旗郡王纳汉达尔济呈称：近屡被番子抢劫，情愿搬至旧游牧尚那克地方，所有河南牧地交循、贵二厅分管。查汉诺们罕应请令其移至河北，请将沙拉图空地一段赏给住牧。如有不敷，再令其在札萨克三都布[122]、札布素等各游牧通融居住。奉旨：准。

二年二月，策拔克奏：递送文书通事行至恰克图地方，被番子抢劫马匹，剥去衣服，现在严拿贼犯。

五月，纳汉达尔济属下蒙古丹津前往四旗收领，追出从前被抢物件，途遇番子，自将马牛撂弃，转赖番子抢劫。策拔克未能查明，任其狡展。奉旨：策拔克不胜西宁之任，着派喀什噶尔办事，奎舒补授西宁办事大臣。

九月，奎舒查看沙拉图地方原系达赖喇嘛商上人等居住，后已移在海伦乌素地方住牧，此地现在空闲，而足敷查汉诺们罕住牧。台吉三都布、札布素等虽情愿自给牧地方，尚可毋须通融自给。

三年九月，奎舒奏：前往尚那克地方查看四旗蒙古。据纳汉达尔济禀称：搬移所有无力蒙古，不能随来，现在仍旧居住。而近年匪散者甚多，且此处距西宁、循化内地甚远，易换口粮等物颇属艰难，所以零星散住，益形艰窘。

十二月，奎舒奏：八月内河北二十五旗札萨克等妆粉〔扮〕前来禀称：现在贼番纠集千余人屡次抢劫，游牧空虚，无人抗御，请将防卡各兵暂行撤回，协力同守。又据达赖喇嘛贸易人等禀称：番子将其牛六百余只全行抢去，现尚肆行抢掠等语。而蒙古连被抢劫，现在十二旗札萨克马匹兵器、防守卡各兵从此全彻〔撤〕。

四年三月，奎舒督同总督派委来宁之署按察使蔡廷衡[123]、副将钟庆，派委番僧前往各族开导，旋将首犯贵德番子那木喀等分别正法。旋即回省，当即督同西宁道鄂云布[124]办理结案。

本年，陕甘总督松筠议定：达赖喇嘛堪布官赏骡一百六十头，自雇骡八十头。班禅额尔德尼堪布官赏骡一百二十头，自雇骡八十头。

八月，奎舒奏：本年例应查旗并致祭鄂敦塔拉，兹据各札萨克禀称：自去年八月以来，各族屡被番子抢劫牲畜数万，刻下实力不能预备乌拉，恳请暂行停止查旗，所有致祭鄂敦塔拉，请就近派台吉喀尔丹旦悉[125]前往致祭。奉旨：准行。办事大臣致祭河源，自此停止，查旗之行亦不能按年前往矣。

九月，奎舒奏：先是生番等常在河南五旗抢掠，河北二十五旗并无抢劫之事。自嘉庆元年纳汉达尔济等恳请搬住尚那克之空出闲地，遂被番子占住，屡被偷渡抢掠，是以蒙古等俱避在海北游牧。

是月，奎舒奏：现届托逊诺尔设兵之时，据各札萨克禀称：托逊诺尔设卡，原为防守果洛克，近年果洛克并无前来抢劫之事，我等连年被番子抢劫，兵械俱不齐备，且现移河北居住，距卡甚远，此项卡伦请暂停止设兵。

是月，郡王纳汉达尔济等在京呈控：此数年间，蒙古屡被番子抢劫多案，奎舒压不具奏。奉旨：着革职交松筠审办具奏。

十月，广厚遵旨：驰往西宁接署办事大臣印务，会同蔡廷衡、鄂云布查办番案。奏称大概情形：生、野各番与河南五旗毗连，往往窃其牲畜，而该蒙古等不知体恤属下，差徭派累日繁，人心散涣，甚至勾引贼番分赃。追嘉庆元年纳汉达尔济移住尚那克，其属下人等因旧地水草肥美，并藉免苦累，尚有未经随往者，遂于空出旧地与野番占据同居，河北二十五旗遂致扰害。查汉诺们罕移至河北，旋即身故，其属下番族多与野番瓜葛，而办〔协〕理台吉等不能约束，以致勾通为匪。是二十五旗之被抢，先因河南五旗移从〔徙〕，彻[撤]其藩篱，后因自给查汉诺们罕牧地。开门缉〔揖〕盗也。前者甘州马厂〔场〕被抢，亦系贼番跟寻蒙古经过其处，谁敢抢官马也！

十二月，台费荫、广厚奏：今年春间，纳汉达尔济等仍由尚那克私自搬回河南，并未报知青海衙门。但河南四旗移住尚那克，本属失计，今伊等既已撤回，应请准共照旧游牧。查蒙古各旗所报被抢牲畜共有六千余万，所报数目本属虚捏，而被抢则属实情，自应设法防范。今蒙古三十旗共有一百一十四个佐领，从前雍正年间入册户口亦有一万七千余户，今生计日繁，自必较前更多，以之设立卡伦，尽可制□□□，无如该王公等委靡成性，一味推诿，是以被抢案件日见其多也。

是月，台费荫、广厚奏：在西宁调拨官兵二千名并传集贵德营士兵，台费荫、广厚带赴贵德边界，逼近番巢，令其悔罪投诚。蔡廷衡会同参将博勒忠阿带领官兵八百名，在循化之宗喀寺[126]驻扎，以为犄角。鄂云布会同营员，在哈拉库图一带巡查窜番。

是月，台费荫、广厚奏：探知他受族番在札藏沟插帐，于三十日带领官兵分路攻击，歼毙贼番三十八名，生擒五名，其余各族番俱皆畏罪投诚，呈出赃物牛羊。广厚旋即遵旨：驰赴秦州[127]堵剿教匪[128]，蔡廷衡回省筹办堵剿粮饷。番案奉旨：专交台费荫办理。

五年二月，台费荫奏：督同鄂云布带兵移住之〔至〕循化宗喀寺驻扎，慑以兵威，令喇嘛玛尼哇前往各族晓谕，各番均即悔罪投诚，呈交马牛羊只，当交各台吉收领。奉旨：台费荫授为头等侍卫，在事出力各员，蒙恩赏擢有差。

是年，番目尖木赞奉委出力，经台费荫等奏明，赏给五品顶戴。

三月，台费荫酌定善后章程七条，具奏：

一、修理青海龙神碑亭，以崇祀典；

一、贵德番子宜清查户口；

一、野番[129]宜令知耕种；

一、野番所用竹弓、竹箭、刀枪等器宜遏其来路；

一、蒙番到内地易换口粮宜分定日期；

一、蒙古各旗宜联络各以一千余人住牧一处；

一、宜令蒙古等派兵定期会哨。经军机大臣会同理藩院分定准驳议上。

奉旨：遍查野番户口，必致惊扰；野番不谙耕种，徒费牛具；其蒙古必令在十里内外居住，无水之处何以游牧！以上三条不准行，余依议行。

六月，台费荫奏：仰仗皇上天威，简派大员带领官兵弹压，番子等惧怕，将抢去牲畜交出。令将八千三百有余牲畜，交该札萨克等牧〔收〕领。据伯〔贝〕勒济克默特伊什[130]

等四人呈称：我们被番子抢去牲畜一百余万，今仅交领一万。此事实属欺朦，请将该札萨克等交部严议。

十月，札萨克齐克默特达巴[131]在部呈控台费荫各款。奉旨：交台布查讯。据台布奏称：台费荫、广厚带兵前往番地要牲畜甚少，蒙古未能满意。至番目顶戴，从前奉有谕旨。嗣后虽被抢劫，不准办理一节，亦系遵旨晓谕。办理此案，台费荫尚无情弊。是以遵旨：令其回京候旨。

十一月，台布奏：查明青海蒙古连年被番子抢掠，逃往各处乞食糊口者甚多，祈赏给银两，分给各札萨克，令其将各贫穷蒙古牧〔收〕回安置。奉旨：赏银五万两，青稞二千石。

六年七月，因驱逐番帐，尖木赞甚为出力，经台布奏请，赏戴花翎[132]。奉旨：允准。

九月，奏〔奉〕旨：台布奏：现在寻得查汉诺们罕之呼毕勒罕，系阿里克番人之子。该旗情愿。姑照所请行，后不为例，仍应掣签为是。

十一月，台布奏：请照纳汉达尔济等所恳，河南卡外之地，借给现住番众住牧，并派官兵百名会同守卡等因。奉旨：只准亦洛合等四族居卡外，其逐出各番不准搬回。所请汉兵一百名，共设三卡。

八年二月，台布奏：河南所设三卡官兵已历一年，应请裁撤。

三月，台布奏：据王公等陆续呈报数目内，有被抢马三千余匹，牛一万七千余只，骆驼五百余只，羊一十九万余只。

本月，又据贝子齐(克)默特达巴呈报：番子将伊捉住，剥去衣服，枪毙伊妻，枪伤伊子妇。

五月，都尔嘉、蔡廷衡奏：拿获枪毙齐特〔克〕默特达巴妻室之正凶，审明定议。

是月，奉旨：派贡楚克札布、惠龄、特〔博〕清额前来西宁查办番案。

七月，贡楚克札布等奏：查明避入丹噶尔蒙古共有九千余人，现在令其分住左近各寺，遵旨散给口粮。避至沿边一带州县者；亦一体振〔赈〕恤。又达赖喇嘛、班禅额尔德尼商上人八百余名，今已避入内地，亦一并给赈。

是月，贡楚克札布等奏：带兵一千一百名在循、贵适中之地清水河驻扎，署西宁镇马斌带兵一千二百名渡过黄河，自西向东驱逐番帐，河州镇仙鹤龄带兵一千五百名驻扎保安，遥为声威。

八月，贡楚克札布等奏：循化各番震慑军威，陆续赴营投诚、交赃，当已分交各蒙古等分领。马斌已将五旗驻扎番帐驱逐净尽，查出贼番，俱已分别办理。

九月，贡楚克札布等奏：定善后章程八条：一、在奎屯、希〔西〕里(克)等处设立三卡，着落番目等驻守。河南设立五卡，令五旗于每卡派官一员，兵百名。河北设立五卡，令二十五旗每卡公〔共〕同派官一员，兵百名驻守。循、贵厅营每年秋季各带兵百名，会哨一次。一、野番应令设立头目，出缺后将其子侄听番众公保选充，不得私自接替。一、族番等酌定每月于循、贵闇门[133]贸易二次，并查禁民人私贩硝磺檀〔擅〕入番地。一、蒙古被抢牲畜如有确踪，伤毙人命如有确据，方为准理。一、蒙古勾通番子做贼，应将该札萨克议处。一、蒙古不准穿用番子服色，并容留汉人等。一、两厅嗣后仍用旗员，定为三年，期满更换。如任内抢案均能拿获者，保奏以应升之缺用；能获十之四五者，功过相底〔抵〕，对缺调补；办理懈弛者，参奏。经部议奏：两厅三年期满，如无熟手接替，即将该员照例升用。如无接收之员，奏明请旨，赏给升衔留任，俟（有）接收之员，再行升补。其余各条，俱照所奏办理。

十年四月，藩司蔡廷衡禀称：都尔嘉任性妄为，贪婪各款。经署督方维甸据禀参奏，奉旨：派甘州提督特〔博〕清额前来审办，当经审实，都尔嘉解京治罪。所遗之缺，奉旨以玉宁补授。

七月，玉宁奏定青海衙门各项章程，经部议奏：该大臣所称经书六名尚不敷用，拟定经书十名。又称通丁五六名实不敷用，请设二十名。并称经书应在兵丁内挑补，所有雇募经书银二百五十两，应请仍归司员、笔帖式养廉[134]原额。

又称会盟等差所用马匹,请照驰驿内付给。各条应俱毋庸议,仍令照旧定章程办理。至所称照旧派拨城守营兵十六名看守门库,应用马匹仍在营喂养各条,应如所奏行。

八月,玉宁奏:回藏班禅额尔德尼堪布行至口外岱多兰地方,被果洛克抢劫。奉旨:交勒保查办。

九月,玉宁奏:蒙古界内番帐并未逐净,贵德、循化文武官员呼应不灵,将青海蒙古统归陕甘总督管理。奉旨:申饬。

十一年正月,贡楚克札布奏:查汉诺们罕一旗于嘉庆四年经广厚等令其移住河南,因屡被番子抢劫,于七年又移至河北,今未便强令搬移,致失蒙古之心。至会哨官兵,似觉有效,请于春间再添会哨一次。

二月,奉旨:西宁镇、道以下各官着归西宁办事大臣兼辖节制[135]。

是月,贡楚克札布奏:嗣后蒙古、番子寻常命盗等案,仍照番例办理罚服。奉旨:着查明具奏。

四月,贡楚克札布奏:据循化厅禀报:该处喇嘛风闻有果洛克要抢堪布之信,请拨官护送。当经遵旨:派游击一员,带兵四百名,护送至穆鲁乌素河。

十月,贡楚克札布奏:台吉沙克都尔禀称:伊现已承袭伊侄所遗郡王职,衡其本管台吉旗内仅有属下人二十三户,请归并一旗。经部议准。

十一月，贡楚克札布奏：原拟蒙古界内番帐驱净，即令番子到尚那克地方住牧。委员查勘尚那克在循、贵以南六七百里，南与果洛克连界，故番子不敢前往住牧。

十二年二月，贡楚克札布奏：贵、循野番屡抢蒙古，又抢去堪布牧放牛只，经都司邵能带兵夺回马牛数百。

三月，贡楚克札布奏：大通各营汛[136]禀报：贼番或十人，或三百余人，成群抢劫居民牲畜五千余只，并抢去官马二十余匹，尚巴领兵三百名前往查办。

五月，贡楚克札布奏：番贼又复滋扰大通县内地边界，驰往查办。奉旨：派兴奎、长龄、那彦成前来剿办。

是月，兴奎、贡楚克札布奏：在贵德初麻沟安营进兵，将卓(色)勒[137]、他受[138]二族番内歼毙一百余人，夺回牲畜一万有余，余贼奔窜。

六月，兴奎、贡楚克札布奏：连次攻击循化所属沙布浪[139]等族，屡次杀伤贼匪，抢获牲畜十一万有余，并讯明尖木赞素曾窝贼分赃，现在设法查拿。

八月，兴奎、长龄、那彦成奏：自甘坝进兵，连日攻击沙布浪等族，杀毙贼番多名，都司吴顺阵亡，昂贸[140]带十族番投诚。

是月，奉旨：撒拉尔回民贼性贪悍，难于驾驳〔驭〕，是以前降谕旨，停其征调。今业经赴军营，不必复行撤回。

是月，(兴奎)等奏：带兵分路攻击，将沙布浪一族剿杀殆尽。又有十三族番众来营投诚。

是月，兴奎等奏：连日又得十二族番众投诚，俟沙卜[布]浪大喇嘛诺尔布与尖木赞投出〔诚〕后即可撤回。

九月，奉旨：尖木赞素来与贼分赃，又挑备马贼七百人欲与官兵抗拒等情，俱属于虚。贡楚克札布轻信浮言，不听各官劝阻，派官夜间往捕，自己又复怠惰不出，致其疏踪，贡楚克札布着照议发乌鲁木齐效力赎罪。至尖木赞从前办理番案时曾经出力，是以赏给翎顶。此次前来军营，始则随营效力，既又乘间潜逃，本应斥革，姑念其旋即来营，着摘去翎枝，降为七品顶戴。

是月，兴奎等奏：喇嘛诺尔布带同番目完木古等来营投诚，尖木赞已经来营归命，访询尖木赞实无叛逆不法情事，前因贡楚克札布疑其串通贼匪，夜中潜往抢〔捉〕拿，以致惊窜，应令其照旧当差。伏查循、贵野番不通教化，犬羊成性，贪黩无厌，从前迭次抢劫蒙古牲畜什物，均经随时查办，慑以兵威，使其献贼交赃，以申国法。其余诸恶，即从宽贷。原以蠢尔番族，冥顽无知，不值劳我师徒歼彼鸟兽，乃本年夏间番贼等竟敢逞其顽梗，抢劫边民并及行旅。皇上赫然震怒，问罪兴师，调兵八千名，发币银三千万(两)，敕令臣兴奎振旅长驱深入，嗣后敕令臣长龄、臣那彦成一同筹办。臣等秉承睿算，剿抚兼施，先行宣谕各番母〔毋〕滋惶惑，顺我者不惊草木，逆我者不划根株，威令所昭，风行草偃。惟卓色勒、他受、都受[141]、完受[142]、加咱[143]、千木勒[144]、汪什代克[145]、沙卜〔布〕浪等族番怙恶不悛，公然抗拒，节经我兵痛加剿洗，直捣贼屯，歼丑擒渠，追奔逐北，雷轰电掣，毁穴焚巢，斩馘贼党千余人，收获牛羊十余万。该贼番等惊愧丧胆，俯伏投诚，陆赎〔续〕来营乞命者共有四十余族。靖狐兔于边陲，化梗顽于指掌，此皆仰伏〔仗〕皇上庙谟广运，决策机先，并赖各将士一志同心，不遗余力，又得喇嘛等传播德威，宣扬教化，是以天戈所指，烽燧全消。自夏徂秋，凡四阅月，威续〔绩〕既振，奏凯班师。该番族等经此次痛惩之后，震惧悚惶，凶顽顿戢，从此后鼠窃狗偷或所不免，而该番等顾惜身家性命，谅断不敢任意抢掠，再肆猖狂。臣等现将官兵全行撤回，俾资休息矣。

是月，兴奎等奏：请于黄河北岸鄂伦布拉克、恰布〔卜〕恰二处酌安西宁营官兵，珠勒格[146]一处酌安甘州、肃州二营官兵屯田，约共安兵三千名。奉旨：交议。嗣经军机大臣会同该户部议驳。

是月，兴奎等奏：拟善后章程五条，并称春秋二季会哨官兵于事无济，此后遂裁。一、每年冰桥结冻后，派参、游一员，带兵六百名，在黄河北岸鄂伦布拉克等处分段防守。一、无票通事不准私赴番地。一、传谕喇嘛等不准与匪番念经。一、蒙古户口令其造册呈报，以凭稽查，并谕令不准穿用番子服色。一、循、贵二厅同知应请不拘旗汉，以便易于得人。

十月，奉旨：兴奎等奏议善后事宜五条，惟严格各寺喇嘛不准滥与番子念经一条与理不合。番性冥顽，惟敬喇嘛，正可藉此化导，若不准各寺与匪番念经，岂不阻其向善之心，此条毋庸置议，余均如所议行。

十三年四月，那彦成奏：尖木赞自上年革去翎顶，日后尚知认真出力，请仍赏还翎顶。再六品顶戴都拉，亦请赏戴五品顶戴。

五月，文孚奏：连年堪布回藏途中并未遇有贼匪，请将护送官兵四百名内裁减二百名。

八月，文孚奏：回藏堪布行至拉玛托罗海地方[147]，被果罗[洛]克抢劫，自请议处。奉旨：交川督勒保查办。

九月，奉旨：长龄、文孚奏：防河官兵六百名请照旧安设。此次姑照所请行，嗣后着察明情形，渐次减彻〔撤〕。

十一月，文孚奏：嗣后蒙古、番子命盗等案，仍请照依番例罚服[148]办理。奉旨：交军机大臣、刑部、理藩院议奏。寻经议准。

十四年六月，文孚奏：本年恭逢皇上五旬万寿，蒙古王公等呈请进京祝嘏。奉旨：着二人来。当经遵派公拉特纳锡第[149]、公格拉克拉布吉[150]二员前往。

本日〔月〕，文孚又奏：查汉诺们罕并请亲身赴京祝嘏，又札〔嘉〕木扬〔样〕呼图克图[151]等俱请差遣徒弟进京代祝。

奉旨:路远人众,俱毋庸前来。

八月,文孚奏:定例一年查旗,一年会盟。近因蒙古生计艰窘,前任办事大臣等俱未往查,且俟蒙古生计稍裕,再往查旗。奉旨,每年轮流往查。

九月,松筠、文孚奏:本年冰桥结〔解〕冻后,黄河北岸防兵酌减二百名,只派四百名防守。奉旨:依议。

十一月,文孚奏:本年堪布回藏途中并无盗偷之事,查每次护送官兵俱有触受瘴气病故者,马匹倒毙甚多,此项护送官兵应请停止。奉旨:军机大臣议奏。寻经议准。

票签抄抄出大学士董(诰)等奏:为遵旨议奏事,本月初八日户部查开定例,出征大臣官员跟役[152]名数具奏。奉旨交臣等议奏,臣等查《军需则例》,原定跟役名数之例凡有七条:一、为京营官兵跟役;一、为各处驻防满营官兵跟役;一、为各处蒙古王公官兵跟役;一、为绿营出征官兵跟役;一、为出征外域随营办事官员跟役;一、为地方办差各员跟役;一、为出征世袭土司各员跟役。此内蒙古王公等原定跟役数目,亲王不过二十四名,至札萨克台吉仅止十二名,本属不多。又查办差各员原定跟役名数多者不过八名,世袭土司等原定跟役多者不过四名, 均请毋庸酌减外,其京营、驻防、绿营出征官员及出征外域随营办事官员四条内,原定跟役名数在十名以下者,均遵旨毋庸议减。其经略大将军、将军、都统、提督及文职一品大臣以下,原定跟役自十六名至十余名不等，臣等悉心酌议，各按品级等差分别核减，另缮清单恭呈御览，恭候命下，交部户〔户部〕通行各省，仍俟纂例时，载入《则例》遵行。所有臣等遵旨酌议缘由，谨缮折具奏，是否有当，伏祈皇上睿鉴训示。谨奏。嘉庆二十年五月十三日奉旨：依议。钦此。

京营出征官兵跟役：

经略大将军　原定跟役六十名，今减十二名，拟定跟役四十八名；

将军及大将军之副将军　原定跟役四十名，今减六名，拟定跟役三十四名；

将军之副将军　原定跟役二十二名，今减四名，拟定跟役一十八名。

参赞大臣　原定跟役二十八名，今减四名，拟定跟役二十四名；

都统　原定跟役二十四名，今减四名，拟定跟役二十名；

前锋统领、护军统领、副都统　原定跟役二十名，今减四名，拟定跟役十六名；

御前侍卫、乾清门侍卫、巴图鲁侍卫、领队侍卫　原定跟役十六名，今减二名，拟定跟役十四名。

各处驻防满营出征官员跟役：

将军、都统　原定跟役二十四名，今减四名，拟定跟役二十名；

副都统　原定跟役二十名，今减四名，拟定跟役十六名；

总管城守尉及带有巴图鲁名号人员　不论品级，原定跟役十六名，今减二名，拟定跟役十四名。

绿营出征官员跟役：

提督　原定跟役二十四名，今减四名，拟定跟役二十名；

总兵　原定跟役十六名，今减二名，拟定跟役十四名；

副将　原定跟役十二名，今拟毋庸再减。

出征外域随营办事官员跟役：

一品大臣　原定跟役二十四名，今减四名，拟定跟役二十名；

二品大臣　原定跟役二十四名，今减四名，拟定跟役二十名；

内阁学士、副都御史　原定跟役二十名，今减六名，拟定跟役十四名；

三品京堂　原定跟役十六名，今减四名，拟定跟役十二名。

注释：

[1]厄鲁特：亦作“额鲁特”“卫拉特”。元称“斡亦剌”“外剌”，明称

"瓦剌",清时西部蒙古各部的总称。清时分为杜尔伯特、准噶尔、土尔扈特、和硕特等四部。土尔扈特西迁后,辉特列为四部之一。17世纪70年代准噶尔部兴起,兼并各部,至乾隆二十二年(1757)始全部统一于清,改编为盟旗,直属清将军或办事大臣管辖。清代把青海蒙古统称为青海厄鲁特,以青海蒙古包括和硕特、土尔扈特、准噶尔、辉特等之故,见《清史稿》藩部表及魏源《圣武记》等。

[2]固始汉(1582—1656):一作固始汗或顾实汗,卫拉特蒙古和硕特部贵族首领,名图鲁拜琥,成吉思汗弟哈布哈萨尔后裔,哈尼诺颜洪尔之子。明崇祯九年(1636)率属部由乌鲁木齐进入青海。十年(1637),击败占据青海北部的喀尔喀蒙古绰克图(却图)台吉率领的4万军队,取得青海地区的统治权,并向清朝遣使通贡,信仰藏传佛教格鲁派。因西藏藏巴汗压制格鲁派,固始汗应格鲁派首领之请,崇祯十五年(1642)率兵进藏,灭藏巴汗,扶持格鲁派,使其在西藏取得优势地位,并与五世达赖合作,取得西藏统治权,拜罗桑却吉坚赞为师。清顺治二年(1645),尊罗桑却吉坚赞为班禅博克多,是为班禅称号之始。顺治十年,清授封为"遵行文义敏慧固始汗",赐金册印。对统一青藏高原,巩固西藏地方与清朝中央政权的关系,起了重要的作用。

[3]喀尔喀:居住在喀尔喀河两岸的蒙古各部的总称。明代为达延汗6万户之一,分12部。青海喀尔喀部为外7部达延汗幼子格埒森扎扎赉尔珲台吉属部。清康熙年间徙牧青海,隶附青海和硕特部。雍正年间编旗,设佐领,结束了与和硕特部的隶附关系。参阅张穆:《蒙古游牧记》卷12。

[4]图尔古忒:即土尔扈特部,清代卫拉特蒙古四部之一。青海土

尔扈特部初隶和硕特部，与和硕特部杂居，清雍正三年(1725)析置为四旗。参阅张穆：《蒙古游牧记》卷12。

[5]准噶尔：意为“左翼”，清代卫拉特蒙古四部之一。因首领姓绰罗斯，故又名“绰罗斯部”。巴图尔珲台吉统治时期，势力渐强，兼并卫拉特其余三部。康熙十三年(1674)其子噶尔丹取得统治权，势力逐步扩大到天山南路。多次举兵袭击清朝及喀尔喀蒙古等，最终被乾隆平定。青海绰罗斯部，为巴图尔珲台吉之子卓特巴巴图尔、卓哩克图和硕齐，因避噶尔丹而徙牧青海的，初依和硕特诸台吉。雍正三年(1725)析置为二旗。参阅张穆：《蒙古游牧记》卷12。

[6]灰特：一译作“辉特”，初隶杜尔伯特部，土尔扈特部西迁后，为卫拉特四部之一，姓伊克明安。青海辉特部，其首领第巴，号青诺颜，始游牧青海，附和硕特部。雍正三年(1725)第巴子贡格从和硕特部分出，另编为一旗。参阅张穆：《蒙古游牧记》卷12。

[7]罗布藏丹津：青海蒙古和硕特部贵族首领，固始汗孙，达什巴图尔亲王子。康熙五十五年(1716)袭父亲王爵，与察罕丹津等掌领青海右翼。五十九年(1720)随清军护送七世达赖入藏。雍正元年(1723)拉拢诸台吉在察罕托罗海会盟，令各部复故号，不得称王、贝勒、贝子、公等，自号达赖珲台吉。在上层喇嘛支持下，联合蒙古各部反清，对拒绝反清的青海蒙古贵族出军征讨。后为清军所败，逃往准噶尔部，乾隆二十年(1755)清军平定准噶尔时被俘，送京师，被免死罪。

[8]年羹尧：清朝大臣，字亮工，号双峰，汉军镶黄旗人。康熙进士，历任内阁学士、四川总督、川陕总督。雍正元年(1723)，任抚远大将军，主西北军务。后至西宁督师，与岳钟琪平定罗布藏丹津之乱。

二年(1724)奏《青海善后事宜十三条》及《请禁约青海十二事》,以加强对甘肃、青海等地区的统治。后以功高骄横,为雍正帝所忌,于三年(1725)十二月罗列谋反等罪名共92款,赐死。

[9]二十九旗:即清雍正三年(1725),清政府采纳年羹尧奏请,根据"宜分别游牧居住"原则,"编置佐领,以札萨克领之",将青海蒙古各部编为二十九旗,加强了对青海地区蒙古族的控制。其中和硕特部辖二十一旗,绰罗斯部辖两旗,辉特部辖一旗,土尔扈特部辖四旗,喀尔喀部辖一旗,又另设察罕诺们汗旗。

[10]佐领:清初八旗制度,规定每300人为一牛录,其统领官称"牛录额真"。天聪八年(1634)改"额真"为"章京"。顺治十七年(1660)定"牛录章京"汉名为"佐领",为正四品官。掌管佐领内的户籍、田产、兵籍、粮饷等事务。青海蒙古各部编旗时,每百户编一佐领,不满百户编为半佐领,数个佐领编为一旗,各旗旗长由其部落首领担任。

[11]协理台吉:台吉,出自汉语"太子"。初为元代皇子专称,后为也速该和成吉思汗后裔的通称。非成吉思汗后裔的卫拉特大封建主也自称"珲台吉"和"台吉"。清朝用作封爵名称,列在王、贝勒、贝子、公之下。分一至四等,用来赠封蒙古及西北边疆地区某些民族的贵族首领。青海蒙古编旗后设协理台吉,每旗一员。

[12]管旗章京:蒙古各旗札萨克的属员。

[13]参领:满语谓之"甲喇章京",为满、蒙、汉八旗营官职,位都统之下,佐领之上。

[14]查汉诺们罕:一译察罕诺们汗,即白佛。据《清实录》及藏文《白佛传》等所记,察罕诺们汗第二世为罗追坚措,生年不详,殁于顺

治十六年(1659),他奠定了与固始汗家族的关系。第三世阿旺罗桑丹坚参(1660—1728),为受封察罕诺们汗旗札萨克之人,雍正年间编旗时清政府于青海蒙古各部之外,另编他所在旗为察罕诺们汗旗。参阅魏源:《圣武记》。

[15]“八年”,时间有误,应为“九年”,即雍正九年。

[16]公莫尔根代青拉插布:即和硕特部南左翼中旗辅国公,为固始汗第五子伊勒都齐之曾孙喇察布。康熙五十年(1711)授辅国公,五十五年(1716)晋封固山贝子。雍正元年(1723)叙入京功,晋封多罗贝勒,因随罗布藏丹津反清,降镇国公。雍正三年(1725)免罪,授札萨克。

[17] 台吉插哈阿拉布坦:也译作“察罕喇布坦”。雍正九年(1731),其父喇察布附土尔扈特部诺尔布叛,改授察罕布坦扎萨克一等台吉。乾隆二年(1737)卒。

[18]木鲁乌苏:即今青海省玉树藏族自治州境内通天河。

[19]伊叔:即和硕特部南右翼中旗札萨克岱青和硕气插汗丹津。

[20]台吉诺尔布:即土尔扈特部西旗台吉,雍正元年(1723)随罗布藏丹津反清,后归清。雍正三年(1725)授札萨克一等台吉。雍正八年(1730)六月,复于腾格里谋叛,削爵,解宁正法。诺尔布叛时,其弟色特尔布木不从,并以兵剿之,袭札萨克一等台吉。

[21]查汉诺罗海:即察罕托罗亥,蒙古语,意为“白云山”。据《丹噶尔厅志》记载,察罕托罗亥距湟源县城西南120里。为蒙藏祭海会盟之地。在今共和县倒淌河乡境内。

[22]据《西宁府新志》记载:雍正三年(1725),经青海办事大臣副都统达鼐奏准,青海蒙古各札萨克由总理青海办事大臣统一召集,

每年祭海会盟一次，除举行祭海仪式外，还集中处理一年内有关蒙古事务，平时不得自相集会。道光三年(1823)，规定青海环海藏族亦参加祭海会盟。

[23]查旗：清代规定每三年由西宁办事大臣或理藩院章京(司员)、笔帖式不时巡查卡伦，如兵丁不齐，军械残缺者，即将管卡之官指名严行参处，谓之查旗。

[24]差达木：即柴达木，蒙语和藏语译音，意为“盐泽”。文中有多种写法，差达木、伊克差达木、柴达木等，后文不一一注出。在今青海省海西蒙古族藏族自治州。

[25]达赖喇嘛：藏传佛教格鲁派最高领袖人物之一。“达赖”，蒙语音译，意为“大海”；“喇嘛”，藏语音译，意为“上师”。始于明万历六年(1578)蒙古土默特部俺答汗给索南嘉措“圣识一切瓦齐尔达喇达赖喇嘛”的尊号。达赖喇嘛活佛转世系统于此时正式建立。索南嘉措为达赖三世，一至二世系追认的。自达赖三世起，历世达赖喇嘛都以哲蚌寺为母寺。清顺治十年(1653)，正式册封达赖五世为“西天大善自在佛所领天下释教普通瓦赤喇怛喇达赖喇嘛”，赐金册金印，正式确定达赖喇嘛为藏传佛教格鲁派的最高领袖。此后，历世达赖喇嘛转世必经中央政权册封，成为定制。乾隆十六年(1751)，清朝授权达赖七世掌管西藏地方政权，达赖喇嘛遂成为西藏地方实力最大的政教领袖。本文所提达赖喇嘛系第七世，名噶桑嘉措(1708—1757)。

[26]堪布：藏语音译，意为“亲教师”。原系藏传佛教中主持授戒者的职称，后成为当权僧侣的专称。有寺院主持堪布，达赖、班禅的内侍堪布，原西藏地方政府中有堪布名号的僧官等。

[27]国师：元、明、清各代对藏传佛教上层人物的封号。明代在藏

区设立僧官制度,对掌握藏区宗教事务的领袖人物分为法王、西天佛子、大国师、国师、禅师、都刚、喇嘛等级,都由明中央政府任免。清代仅在康熙四十五年(1706)封章嘉呼图克图为“大国师”,总管内蒙古藏传佛教事务。

[28]司员:清理藩院派往青海协助西宁办事大臣办理青海蒙藏事务的属员,会同查旗、会盟等工作。

[29]哈尔盖:在今青海省刚察县。

[30]番子:旧指分布在我国西北及西南地区的藏族,唐称吐蕃,明、清时称西番或番子。

[31]九之项:清代对藏族地区实行的一种罚服制度,即根据犯罪轻重,要追九九罚服。据《青海番例成例》(又名《番例六十八条》)的规定,凡罚一九之数:马二匹、犏牛二条、乳牛二条、三岁牛二条、二岁牛一条。余皆类推到九九罚服为止。

[32]藩库:清代布政司所属的粮钱储库。

[33]俸缎:蒙古各旗官吏除领俸银外,按等级所给的绸缎。

[34]宪书:由朝廷颁发给蒙古王公的时宪书,俗称皇历。

[35]笔帖式:满语音译,意为“写字人”。清代各部院衙门皆置笔帖式,掌翻译满、汉、蒙、藏文书等事。

[36]道库:官库名,清署,属道员衙门,据《清会典事例》卷183《户部·库藏》记载,督粮道库,专存漕项银;驿道库,专存驿站夫马工料;河道库,专存河饷;盐法道库,专存正杂盐课。各库设库大使主管。

[37]身生:指未出天花之人。

[38]木兰行在:木兰,即今内蒙古围场县。清代康熙、雍正、乾隆时期,每年八月,皇帝与王公等打猎驻跸于此,也称“木兰秋狝”。

[39]特布特尔：手抄本为“德卜特尔”，地名，本书中多次出观，译名不统一，现将前二字统一校订为“特布”。在今青海省海西蒙古族藏族自治州格尔木市辖区境内。

[40]伊克差达木：即伊克柴达木见前注[24]。

[41]顶戴：清制官品以帽上顶珠色质为别，谓之顶戴，亦称顶子，有红宝石、珊瑚、蓝宝石、青金石、水晶、砗磲、金之别。据《清史稿·舆服志二》记载，凡文武官员，一品用红宝石，二品用镂花珊瑚，三品用蓝宝石，四品用青金石，五品用水晶石，六品用砗磲，七品用素金，八品与九品俱用金顶。

[42]达赖喇嘛商上人：为达赖喇嘛管理财产的官员，亦称商卓特巴。

[43]乌拉：源于突厥语，藏语、蒙古语、满语都作差役解，意为劳役之人向地方政府或各级领主所支应的各种差役，包括人役和畜役，总称乌拉差。

[44]索诺木：即索罗木，今青海省果洛藏族自治州玛多县鄂陵湖北岸一带。

[45]沙拉图：今青海省兴海县助勒盖一带地方。

[46]车尔特恩多尔济：即和硕特部右翼北右旗札萨克贝子，俗称“宗贝子”，为固始汗第七子珊噜木什之孙丹巴之裔。

[47]海伦乌素：即和硕特部南左翼后旗驻牧地。

[48]孝贤皇后：清高宗孝贤纯皇后，富察氏，察哈尔总管李荣保女。乾隆二年(1737)册为皇后，乾隆十三年(1748)病故，终年37岁。

[49]升遐：帝王、皇后去世，称升遐。

[50]梓宫：帝王后妃之棺也。

[51]珠尔玛特那水扎勒：应为珠尔玛特那木扎勒，颇罗鼐次子，乾隆十五年(1750)袭西藏郡王职。与七世达赖不和，秘密勾结准噶尔蒙古，暗中策划反清和谋叛达赖，被清廷侦悉，于十月十三日，为驻藏都统傅清诛杀。

[52]傅清：满洲镶黄旗人，富察氏，由蓝翎侍卫擢副都统，乾隆年间累官至固原提督。乾隆十四年(1749)充都统，赴藏与纪山共同办事。珠尔玛特那木扎勒谋反，诛之。其党羽叛，遂遇害，谥襄烈。

[53]拉布敦：满洲正黄旗人，栋鄂氏。雍正年间随傅尔丹剿准噶尔，斩获甚众。乾隆年间官至左都御史。乾隆十四年(1749)二月赴藏代纪山办事，时值珠尔玛特那木扎勒谋反，与傅清定计诛之，其党羽叛，遂遇害，谥壮果。

[54]多尼尔罗布藏达什：即卓尼罗布藏扎什。珠尔玛特那木扎勒谋反，多尼尔罗布藏达什为同党，闻珠尔玛特那木扎勒被诛，即率众数千，围署攻打，傅清、拉布敦同时遇害。

[55]岳钟琪：清朝将领，字东美，号容斋，四川成都人。康熙末从征策零敦多卜，擢四川提督。雍正元年(1723)从年羹尧进讨罗布藏丹津，兼甘肃提督、巡抚，后升川陕总督。乾隆间又从傅恒平定大金川莎罗奔叛乱。

[56]准噶尔台吉拉玛达尔吉：乾隆十年(1745)准噶尔噶尔丹策零死，准噶尔部封建主争夺汗位，内讧不已。十五年(1750)准噶尔部宰桑萨喇及台吉拉玛达尔吉率所属4 000户投清。

[57]军机大臣：清代设军机处，以亲王或重臣充军机大臣，其下有行走、章京等官，凡内外要事悉综理之，至清末始废。

[58]噶斯：今海西蒙古族藏族自治州茫崖行政委员会所属尕斯

乡地区，在柴达木盆地西部。清及民国时期，为青海蒙古和硕特部西右翼中旗的驻牧地。这一地区，清代官书称为噶斯，地位重要，为青新要隘。

[59]卡伦：蒙古要隘地方设置官兵戍守，名曰卡伦，亦曰边台。

[60]霍卓木：即博罗尼都，俗称大霍卓木，维吾尔族首领，叶羌(今新疆莎车)、喀什噶尔(今喀什)封建地主玛罕木特子。初与其父被准噶尔拘禁于伊犁，乾隆二十年(1755)准噶尔部被平定后获释。二十二年(1757)其弟霍集占(小霍卓木)图谋反清自立，杀副都统阿敏道，自称巴图尔汗，占据南疆，进行武装反清。大霍卓木守喀什噶尔，以助霍集占。二十四年(1759)清军平定叛乱，霍卓木逃往巴达克山时被杀。

[61]那木西里策旺：即纳木锡哩策旺，是土尔扈特部南后旗札萨克一等台吉。

[62]果洛克：即今青海省果洛藏族自治州，有“俄洛”“果罗克”“郭罗克”“果洛”等不同译音。

[63]尚那克：即今青海省海南藏族自治州兴海县大河坝流域。蒙语称尚那克，藏语称作“黄啊”。

[64] 五辈达赖喇嘛：即五世达赖喇嘛阿旺罗桑嘉措(1617—1682)。

[65]敕书：皇帝谕告臣下的文书之一。

[66]查汉乌素：即察汉乌苏，今青海省海西蒙古族藏族自治州都兰县治所，地以河水得名。

[67]查罕索、诺彦浑：今青海省海西蒙古族藏族自治州格尔木、诺木洪等地区。

[68]亲王旺丹多尔济怕拉玛：亦作旺丹多尔吉帕南木。固始汗第五子伊勒都齐之裔，即和硕特部前首旗和硕亲王，俗称河南亲王，公元1749年袭职，公元1771年卒。

[69]河南恰克图：在今青海省黄南藏族自治州河南蒙古族自治县境内。

[70]安国等九族：安国应作安图，即今青海省玉树藏族自治州玉树县的安冲部落。安图九族为安冲、年措、玉树、固察、称多、典巴、隆布、下扎武、蒙古尔津。

[71]贡马银两：雍正十一年(1733)，清政府规定每年由西宁办事大臣衙门会同西宁镇总兵行令玉树四十族藏族部落。限六月间按每百户岁贡马一匹，折征银八两的数目，由各该部百户长老者等征收，解赴西宁道库贮备，称作贡马银两。

[72]青海龙神：青海之神，唐时封为“广润公”，宋仁宗加封为“通圣广润王”。清雍正二年(1724)二月，岳钟琪以“青海神显灵”，奏闻清廷。雍正四年(1726)三月，清廷诏封青海龙神为“宣威灵显青海之神”，从此每年派钦差西宁办事大臣至海滨东村果加拉，会同青海蒙古各王公等致祭青海龙神，俗称祭海。同年九月，建碑亭以蔽风雨，其碑文为汉、满、蒙三体，上书“灵显青海之神”，背面刻“雍正四年九月吉旦立”，嘉庆九年(1804)将碑亭移至察汉城。道光年间，那彦成命环海八族藏族会同蒙古各王公于此祭海、会盟，是为藏族参加祭海会盟之始。光绪三十三年(1907)青海办事大臣恒敬建立海神庙，为每年祭海固定地点，庙正殿三楹、庙门及守庙兵丁宿舍七间。庙在山上，青海湖在望，庙前有“青海胜境坊”一座。民国后，庙宇被拆除，“灵显青海之神”碑尚存。

[73]太常寺：掌宗庙礼仪的办事机构，设卿及少卿各一人，清末废除。

[74]贝勒吹忠札布：即绰罗斯部南右翼头旗札萨克多罗贝勒。

[75]熬茶：即向寺院奉献供养，给喇嘛僧众发放熬茶等布施，请其诵经祈祷的宗教活动。

[76]热河：清政区名，乾隆间置热河副都统，嘉庆间改都统，1914年置热河特区，1928年置热河省，治所即今河北承德市，辖今河北北部和辽宁、内蒙古部分地区。1955年撤销。

[77]里塔尔：为和硕特部南右翼中旗的札萨克辅国公，乾隆三十年(1765)袭职，四十年(1775)为果洛克所杀。

[78]格尔吉等族：即玉树二十五族之格吉麦马、格吉班马、格吉得马、格吉扎塞等部。

[79]贝子沙克都尔扎布：即和硕特部北右翼旗固山贝子札萨克。

[80]理藩院：清置，专门管理内外藩属蒙古、回部及诸番部民族事务的中央机沟，设尚书一人，左、右侍郎各一人，皆以满洲、蒙古人任之。清末改为理藩部，民国初称蒙藏事务局，后改为蒙藏委员会。

[81]郡王纳汉达尔吉：即和硕特部前首旗亲王旺舒克从子，乾隆三十六年(1771)降袭多罗郡王。

[82]公罗布藏查汉：即和硕特部南翼末旗辅国公。

[83]台吉隆本：即隆贲，系和硕特部南右翼中旗札萨克一等台吉。

[84]台吉罗布藏丹津：系和硕特部南左翼中旗札萨克一等台吉，公元1787年以罪削爵。

[85]阿里克番子：为清编玉树四十土司之一，原住牧今青海海南

藏族自治州兴海县及今果洛藏族自治州玛沁县温泉一带,清道光二年(1822)以后,一部迁移于今青海省海北藏族自治州祁连县居住,成为环海八族之一;另一部则迁移于今海南藏族自治州同德、黄南藏族自治州河南等县住牧。

[86]班禅额尔德尼:此处指第六世班禅额尔德尼罗桑贝丹益喜(1738—1780)。

[87]阿拉善:今内蒙古自治区的阿拉善霍硕特旗。

[88]鄂尔多斯:今内蒙古自治区伊克昭盟境内。

[89]圆寂:佛教术语,指得道高僧逝世为圆寂,是佛教徒对于僧尼死亡的一种美称。

[90]舍利:梵文音译,佛教徒指死者火化后的残余骨灰。

[91]古尔班贡额尔格依地方:即和硕特部北右末旗住牧地。

[92]贝子拉克纳希第地方:即和硕特部北右旗住牧地。

[93]该句原文如此,应为“章京十员名,兵丁八百名”。

[94]阿弥达:满洲正白旗人,章嘉氏。乾隆间以侍卫穷河源,定阿勒坦郭勒黄河源,具图说归报。诏命四库馆编辑《河源纪略》一书,以昭传信。官至工部侍郎。

[95]噶达素奇楼:亦作噶达素齐老,旧说黄河发源于此。

[96]果罗密:应为果思密,历史上称郭密。今青海省海南藏族自治州共和县属的郭密藏族部落。

[97]阿什罕:今青海省海南藏族自治州共和县阿什罕故城。

[98]策林那木札勒:即卫拉特蒙古土尔扈特部渥巴锡汗之子。渥巴锡继汗位后,率部众于乾隆三十五年(1770)十月从伏尔加河流域起程,至三十六年六月归附清朝,清将土尔扈特部分为新旧两部,各

设札萨克。旧土尔扈特部为乌讷思素珠克图盟，以渥巴锡领之，授其卓哩克图汗号。新土尔扈特为青色特启勒图盟，以郡王舍棱领之。渥巴锡于公元1774年卒。子策林那木札勒袭，为南路（珠勒都斯土尔扈特）盟长。

[99]索诺木多尔济：公元1766年袭和硕特部西前旗扎萨克一等台吉之职，并袭其父镇国公之职，俗称青海王，公元1818年卒。

[100]喀木地方：喀木，为藏语“康”的异译。民国时建为西康省。现分属四川甘孜藏族自治州和西藏自治区昌都地区。

[101]东科尔寺：此寺在青、康藏区有三处，均为东科尔呼图克图系统所建。其一在今四川甘孜藏族自治州东科地方；其二为青海省湟源县之东科尔寺；其三为四川阿坝藏族自治州毛尔盖扎喜东洛寺。甘孜藏族自治州的东科尔寺为东科尔一世达哇坚赞于明中叶所建；毛尔盖的扎喜东洛寺为东科尔四世多居嘉措于清初扩建；湟源的东科尔寺原建于湟源县城的寺台子，系多居嘉措于清顺治初年所建，名多喀尔寺。湟源旧称丹噶尔，即此寺名之异译。1723年，罗布藏丹津反清时，寺毁于战火。乾隆元年（1736）东科尔五世索南嘉措在湟源日月乡重建，命名东科尔寺。清时，西宁办事大臣于察罕城祭海后，有时在此寺举行会盟议事。

[102]呼毕勒罕：蒙古语，意为转世灵童。指藏传佛教转世活佛。

[103]呼图克图：蒙古语，意为圣者或化身。清政府授予藏传佛教大寺院著名大活佛之封号。凡属这一级活佛，均载于理藩院册籍。每世转生，必经中央政府承认和加封。乾隆以后，大呼图克图转世必经清廷主持的金瓶掣签确定。清时，青海有章嘉、土观、阿嘉、赛赤、喇科、东科尔、敏珠尔等七驻京呼图克图及曲藏、都兰等呼图克图。

[104]甘省回匪滋事：指乾隆四十九年四月至七月，甘肃伏羌(今甘谷县)石峰堡田五等领导的回族反清斗争。

[105]《蒙古律例》：即《蒙古则例》。清理藩院在康熙三十五年(1696)将清太宗以来陆续发布的125条有关蒙古法令汇编而成，作为处断蒙古事务，调整、巩固蒙古封建主对清朝臣属关系以及维护蒙古社会秩序的法律依据。

[106]驻藏大臣：早在元代，中央设立宣政院，统辖西藏全区。清雍正五年(1727)，正式设置驻藏大臣，加强了中央对西藏事务的直接管理，巩固了国防，协调了民族关系，实行了扶持和利用宗教的政策，使西藏地区在清政府的治理下，有了长期的和平安定局面。

[107]巴尔布：即巴勒布，为廓尔喀部首领。因聂拉木等处第巴妄增税课，驻藏大臣庆麟、雅满泰平日不闻，因而巴勒布率兵侵犯后藏边界。

[108]章嘉呼图克图：指第四世章嘉呼图克图耶西丹贝坚赞。

[109]祝嘏：祝贺寿辰，多用于皇室贵族等。

[110]土观呼图克图：指第三世土观呼图克图曲吉尼玛。

[111]归化城：即今内蒙古自治区首府呼和浩特市，又称青城。

[112]福康安：清满州镶黄旗人，富察氏，字瑶林。由三等侍卫擢任将军。乾隆中叶，平金川、台湾、安南、廓尔喀，所至皆有功。历官云贵、四川、闽、浙、两广等处总督及工部、兵部尚书等。晋封贝子，一时荣宠，无与伦比。图像紫光阁。嘉庆初，复督云贵，染瘴卒于军中，谥文襄。

[113]科尔喀：即廓尔喀，清代称今尼泊尔王国为廓尔喀。

[114]台站：旧时传递公文或解送犯人的驿站。

[115]台吉沙拉普提里：即和硕特部西右中旗札萨克一等台吉。

[116]县丞：清代始有此称，为正八品官。县丞设有专署办公，与县主薄分掌一县之粮马、税征、户籍、巡捕诸务，共佐知县。清代各县县丞均因事而设，事繁之县有设数人者，事简之县亦有不设者。

[117]同知：清代知府的辅佐官，与通判分掌一府粮道、督捕、防务、水利等诸事，以佐知府的政事。府同知为正五品官，通判为正六品官。

[118]生番：指未经编查户口，散处在西宁边外的纯畜牧之藏族部落。

[119]德尔格：亦译作德尔格忒、德格。其土司为康区藏族最大部落，今属四川省甘孜藏族自治州。

[120]熟番：指居住在西宁附近半农半牧的藏族部落。明、清时岁纳贡马，称为熟番。又以地区划分为西番、南番等。

[121]英善：清满洲镶黄旗人，萨哈尔察氏。乾隆间由亲军累擢四川布政使兼护总督事。嘉庆间英善督兵驰剿白莲教，累官正黄旗汉军都统。降太常寺卿，寻卒。

[122]三都布：即桑多布，为和硕特部北左末旗札萨克一等台吉。

[123]蔡廷衡：浙江仁和县人，乾隆五十四年(1789)任西宁道。

[124]鄂云布：满洲正黄旗人，嘉庆元年(1796)任西宁道，工书法。

[125]喀尔丹旦悉：即噶勒丹丹忠，为和硕特西右后旗札萨克一等台吉。

[126]宗喀寺：在今青海省同仁县。

[127]秦州：今甘肃省天水地区。

[128]教匪：是对当时参加白莲教反清群众的一种诬称。

[129]野番：指边远地区未经编户的藏族部落。

[130]贝勒济克默特伊什：即和硕特部西后旗札萨克多罗贝勒。

[131]齐克默特达巴：即绰罗斯部北中旗札萨克。

[132]花翎：清时品官之冠，以孔雀翎为饰，曰花翎。以翎服之多寡为等差，普通一眼，多者双眼或三眼。其始惟有功勋及蒙特恩者，方得赏戴。咸丰后，凡五品以上不待勋赏得捐纳而戴之，惟限于一眼。双眼者，大臣有特恩始戴之。至宗室如亲王、贝勒等，始得戴三眼。

[133]闇门：长城及边墙的小门。

[134]养廉：保持和养成廉洁的操守。此处指养廉银，即清代官吏按职务等级领取正俸外，另给官员的银钱。

[135]西宁办事大臣兼辖节制：据《清实录》卷一百五十四嘉庆十年(1805)十二月壬辰条："据贡楚克扎布等奏会议西宁办事大臣节制兼辖附近镇、道各员，酌定章程一折。西宁镇、道与青海大臣近在同城，向无统属，遇有蒙古、番子交涉事件，仅令贵德厅营各员专司办理，未免呼应不灵，不足以资弹压。嗣后着照该大臣等所请，西宁文员自道、府以下，武员自镇、协以下俱归该大臣兼辖节制。遇有蒙古、番子交涉事件，即由该大臣主政。其民人地方事务，仍由该督主政。该镇、道等于关涉青海蒙古、番子案件，自当申报青海大臣；若只系寻常地方案件，即当转报总督，免致牵混干与"。

[136]大通各营汛：营汛，清代绿营兵制，凡千总、把总、外委所属者皆曰汛，其驻防之地曰营汛。大通各营汛，指今青海省大通回族土族自治县和门源回族自治县的清代绿营驻地。

[137]卓色勒：是居住在今青海省海南藏族自治州境内的藏族部落之一。

[138]他受：是居住在今青海省海南藏族自治州贵南县的藏族部落。

[139]沙布浪：亦作夏卜让，现住青海省海南藏族自治州同德与兴海县。据说该族在咸丰年间从同仁迁出，先到切吉一带，后到兴海住牧，成为环海藏族的一个大部落。

[140]昂贸：藏语，指管理军民的政教合一的官吏。

[141]都受：亦作都秀，有千户一人，管辖二小族，原住贵德一带，后迁往共和县住牧。

[142]完受：与加咱族常往来于黄河南北游牧，同仁、贵德、兴海等县都有该族牧民。

[143]加咱：与完受族游牧于黄河南北同仁、贵德、兴海等地。

[144]千木勒：亦作千卜录，有千户一人，管辖十一小族，原住牧贵德一带，后迁往倒淌河一带住牧。

[145]汪什代克：有千户一人，管辖十二小族，原放牧于黄河南一带，后移住今天峻、兴海等县。

[146]珠勒格：即今青海省兴海县属助勒盖。

[147]拉玛托罗海地方：在今青海省果洛藏族自治州达日县境内。

[148]照依番例罚服：西宁办事大臣文孚奏："青海蒙、番，重利轻命，自来命盗诸案，一经罚服，怨仇消释，若必按律惩办，不第犯事之家仇隙相寻，被害者心反觖望，相习成风，不可化诲。溯蒙、番内附以来，雍正十一年大学士鄂尔泰等议纂《番例》颁行，声明俟五年后始依内地律例办理。"

[149]公拉特纳锡第：即和硕特部北右旗辅国公，俗称“宗贝子”。

[150]公格拉克拉布吉：即和硕特部西右后旗辅国公，俗称“巴隆札萨”。

[151]嘉木样呼图克图：即今甘肃省夏河县属拉卜楞寺嘉木样呼图克图第三世罗桑图丹久美嘉措(1792—1855)。

[152]跟役：随行供职应役之人。

青海衙门纪略

[清] 素纳 著

魏明章 校注

青海办事大臣奴才[1]素纳[2]跪:〈粤稽青海青海蒙古大半皆谷什之后裔嗣枝析〉粤稽青海蒙古大半皆谷什罕〔固始汗〕之裔,后嗣枝祈〔析〕,遂成二十余家,各有管辖部落,其回忒〔辉特〕、喀尔喀、准噶尔、图尔古特等数种,昔伊祖寄居青海,康熙年间投诚内附,授封亲王、郡王、贝勒、贝子、公、台吉等职,各管原有部落,准俸赴京支领。西宁虽设驻大臣抚理夷情,不过据情转达,非专统辖蒙古事务,乃各王公自集会盟商办。惟亲公〔王〕罗布藏丹津为首领,掌总管理青海印信,独操其权,日渐恣横,残刻苛虐,有忤其意者,辄率兵征伐,蒙古皆遭毒,威服青海。

雍正元年,经侍郎常寿[3]奏报:奉旨二次讲和,而罗布藏丹津送〔违〕命背叛,执羁常寿,大肆猖獗,胁众复征贝勒额尔德尼厄尔克托克托奈[4],彼因强弱异势,即同贝子索诺木达什[5]、公噶尔旦达什[6]奔投甘州以避凶锋。而罗布藏丹津回兵又征郡王代青和硕气插汉丹敬[7],亦因众寡不敌,奔入河州。公莫尔根代青拉插布[8]弃眷奔往西藏，遣子插哈阿拉布坦、汪楚克阿拉布旦及故贝子丹仲[9]部落，俱奔四川。彼时，年羹尧以川陕总督驻宁观形度势，未几授为抚远大将军，以专征讨。罗布藏丹津逆料宁城无兵，要胁〔挟〕各蒙古侵犯边地，北、西、南三川营堡[10]皆被围困，乡民多遭焚掠。年羹尧即遣现有官兵次第援剿，不崇朝而罗布藏丹津败遁，三堡围解，释回常寿，拟以辱国之罪，后蒙恩宥。其被胁之贝勒明素克汪扎尔[11]等首先投诚，罗布藏丹津自以势孤，率同贝勒丹敬、浑台吉策令纳木扎尔并三十三台吉等由噶斯叛投准噶尔，青海粗定，年羹尧奏捷。上嘉郡三〔王〕代青和硕气插汉丹敬始终不肯党逆，诚心内向，晋封亲王。贝勒额尔德尼厄尔克托克托奈事迫内〈内〉奔，晋封郡王。贝勒明素克汪扎尔、色布腾扎尔[12]，上悯被其胁从，贼败即行投诚，各封郡王。

雍正二年，年羹尧复遣兵搜缉逆党[13]，并剿棹子山、棋子山[14]从逆番族，更招抚青海等众于宁城回〔会〕盟，颁发条约，永禁蒙古尊卑失序，败伦伤化等事，俾知纲常伦纪，不致内乱。旋因探知罗布藏丹津败遁未远，即调川陕官兵，饬令奋威将军兵〔岳〕钟琪、副都统达鼐、宁夏镇王嵩、西宁镇黄喜林等领兵追剿。复饬安西镇孙继宗、副都统鄂尔达领兵由党色尔腾之马海戈必往援，官兵集合，直抵噶斯之花海子，擒获丹敬挥〔珲〕台吉父子[15]，献俘[16]正法。抬〔招〕徕策令纳木扎尔等三十三台吉，兵入不毛，而罗布藏丹津逃遁既远，因而班师，青海荡平。年羹尧条陈善后[17]，以青海蒙古各有部落，宜分隶管辖，事权不可归一，请照内札萨克之例，王、公、台吉各〈分〉旗分原营〔管〕部落，编为左〔佐〕领，彼此不相统辖，分势剪翼。沿边及玉树等处番人各就头目分隶，不为青海蒙古部佃，停征差使。使蒙古势弱而易制，不至先乱。仍于大道〔通〕添设一镇[18]，开通扁都口[19]达甘肃道路，遇事征调，可为捷便。复于丹噶尔、毛伯腾〔胜〕[20]筑城添汛，移驻副将、参将，营制星罗棋布，使边境不孤。更以青海初定，虽有总理大臣，恐耳目难周，请将额附〔驸〕阿宝一旗[21]移至拨洛充科建府驻扎，以为内地耳目，遇惊〔警〕即闻。其青海蒙古被逆蹂躏，复继兵燹，未免荡产失业，蒙恩振〔赈〕恤。

雍正三年，特遣侍郎鄂赉同副都统达鼐出口，查勘户口。酌其牲畜多寡，每口赏银四两、六两以至十两不等，王、公、台吉各赏缎匹。分为左右二翼，札萨克定为一〔二〕十九旗，各就人数归其佐领，共佐领一百一十五个半，分副台吉、管旗章京等官协办旗务。侍郎鄂赉、副都统达鼐请颁各札萨克印信，俸银就宁支领。赴藏熬茶，请领总理大臣印票。俸缎、宪书，由部解宁分领，免其赴京跋涉。事竣，奉旨：侍郎鄂赉回京，副都统达鼐留宁总理青海事务。既而复请总理青海大臣关防，以专统辖，以昭信守。蒙古事务，始有章程。

迨及雍正四年，经川陕总督岳条奏：归德、河、洮沿边各番族，既不隶青海蒙古统辖，不可使无约束。其近营汛及地方官者，宜归地方营汛管辖；番人内素习耕作者，按地起科；专事游牧者，定以贡马。请饬副都统达鼐、西宁镇周开捷安插办理。遂按临其地，清查户口地亩，各就原有头目，委以百户、百长、乡约等类，勤加约束，分交地方营汛管辖，番族始有分隶。

是年，副都统达鼐奏准陛见，面陈噶斯及伊克柴达木之党色尔腾等处，系通准噶尔要路，宜于彼处设卡安兵哨探，以防准夷窥犯青海，并请派侍卫二员，以备查卡驱策。乃蒙俞〔谕〕允。遂酌时制宜，每年拨派绿旗兵四十名，千、把总二员，蒙古兵四十名，佐领、骁骑校二员率领坐卡，半年一次更换。侍卫二员更迭巡查，自无疏懈。

雍正五年，副都统达鼐、西宁镇周开捷条奏：西宁、河、洮沿边各寺庙喇嘛有名国师、禅师者，有名囊索〔昂贸〕者，收管明季敕语、印信，管辖部佃，征收租徭，名曰香粮面。罗布藏丹敬〔津〕叛乱，伊等间有助逆者，虽经王法，但国师二字名目不顺，宜革其职衔，查收敕印，给以僧纲[22]、都纲[23](之)空衔。原管佃户改隶民籍，私征粮石归纳官仓。每年分给该僧以为衣单口粮，令其焚修。蒙俞〔谕〕允遵办。所收敕印，移交藩司，解交内部。自兹沿边民人而无寺族分隶之辖。

雍正六年，警报：西藏隆布奈、阿尔布巴叛，杀贝子康吉奈〔济鼐〕，藏地纷乱。副都统达鼐专差蓝翎侍卫吉尔哈郎驰奏，特遣左都御史查郎阿、副都统迈禄、西宁镇周开捷统领官兵由宁赴藏剿抚安辑，并命副都统达鼐率领陕甘抚标官兵驻扎谷尔半索里麻弹压，以备应援，安设台站，传报声息。既而官兵抵藏，诛其逆犯，抚安良善。事竣，大兵由四川凯旋，拥移达赖喇嘛[24]安驻里塘噶答地方。上嘉颇罗奈〔鼐〕[25]极力擒逆，以待官兵，授为贝勒，管理事务，藏地遂得以平。

雍正七年，宁远大将军统师由巴尔库进剿准夷。其噶斯等处，乃达准噶尔要道，不可无兵防守。遂于雍正八年，钦命副都统达鼐、副都统格梅尔带领京城满洲官兵二百余员名，青海蒙古官兵一千五百余员名，驻扎柴达木，防范准夷侵犯。沿途台站，乃绿旗官兵协同蒙古官兵安驻。其噶斯卡伦，即于驻防兵内酌派分设，换回原安卡兵。未几，复命郎中福宁更代副都统达鼐回任，并令撤其军营蒙古官兵，止留满洲官兵二百余员名。

是年十二月内，准夷侵犯青海，直抵腾格里，抢掠官兵牧厂〔场〕马匹，掳去台吉策令那木扎尔[26]、巴尔党[27]及眷属人等。而副都统达鼐在宁闻警，征调青海蒙古官兵，亲率追剿，直至特布特尔。准夷弃置策令那木扎尔、巴尔党等远遁。适蒙俞〔谕〕允，毋得轻进，副都统达鼐遂遵奉回宁。旋即调取策令那木扎尔进京讯明，实系被掳，得免查设，仍赏银五百两，回至中途病故矣。

雍正九年，柴达木军营复添绿旗兵五百名，蒙古兵八百名，台吉恭格[28]、阿拉布吉管领，并奉旨酌派青海蒙古(兵)一万名，遣内大臣克什图统领出口，途次病故。续派副都统殷扎纳接办，议于诺木浑〔洪〕建筑城地〔池〕，驻兵制敌。兴工间据报：公莫尔根代青拉插(布)、台吉插哈(阿)拉布坦率领部落逃奔西藏。副都统达鼐闻信，带领台吉董、闲散台吉色特尔布博薄、吹宗扎木素追捕，沿途并调番人追至木鲁乌素山谷，而莫尔根代青拉插布、插汗〔哈〕阿拉布坦就抚服罪。插哈(阿拉)布垣〔坦〕之子拒捕抗违，即被诛戳〔戮〕。余皆押回青海，奉调解京，讯明伊等潜逃因被流言所惑，遂宽其罪。拉插布削夺公爵，交亲王代青和硕气插汗丹津严加约束。伊子插汗〔哈〕阿拉布坦预先投回，降袭台吉。插哈(阿)拉布坦病故京邸，遗职准伊旗弟达尔济承袭。其同逃之管旗章京那汉达什先抵西藏，大臣拿获致〔至〕宁，拟以枷号永远监禁，嗣毙狱底。

是年，遂停青海派兵万名之议。

六月内，头等台吉诺尔布带领佐领俚他尔，自腾格里马厂〔场〕跳梁蠢动，叛奔军营，所过诺木浑〔洪〕杀毙土夫等众，畏其军营兵，重潜逃。台吉恭格、阿拉布吉公〔会〕同官兵追捕,获解京师大辟,发回正法于西宁边口。该犯叛乱,因事在军营,妻子亲属,遂得免议。上悯该犯之弟色特尔布木追捕拉插布有功,准袭伊兄台吉之职。又嘉恭格、阿拉布吉勇往擒逆,晋封公爵,并赏恭格尚衣一袭,缀翎帽一顶,手珠一围,银二千两。缘青海连年纷更扰攘,非格格、额驸所宜居,遂迁阿宝于贺兰山旧地。

是年,移柴达木官兵驻扎哈尔海图,复于营添驻多兵约三千余众,开垦屯田,弹压防守。

雍正十年,副都统达鼐奉旨:安插玉树纳克善〔书〕等族番人,查其近宁者四十族归隶西宁管辖,近藏者三十八〔九〕族归驻(藏)大臣管辖。旧有头目议给土千户、百户、百长等职,部颁号纸。所属番人每百户每年贡马一匹,折征银八两。隶宁者解交西宁道库,隶藏者解交驻藏大臣,各充公项,以昭任土作贡之义,仍颁番人条例,俾如[知]法纪。

雍正十三年,奉旨:驻藏哈尔海图官兵概行撤回,其如何防守,布设卡伦,令总理青海事务巡抚德龄会同各王公定议,酌议青海各王公在于旗内派兵二千名,于住牧处所预备,每年于内抽拨兵二百名,佐领、骁骑校四员。并派西宁绿旗兵一百名,千、把总四员,于噶斯之得卜〔特布〕特尔,依〔伊〕克柴达木等处各在要路,设卡哨探,以防准夷侵犯。并于沿途安设台站,备报声息。酌留军营侍卫二员,以为查卡驱策,并于西宁预备绿营兵一千五百名,如青海有事，即令总理蒙古事务大臣一并统领进剿。复经条奏择派青海王、公、台吉等十员，每年春秋更迭巡查卡伦，不患无备。

乾隆四年，副都统巴凌阿奏：派庄浪满洲佐领、骁骑校四员、兵二十名，于九月出口，分查两路卡伦。于次年(1740)二月春融撤回，遂停侍卫巡查。

乾隆九年，准夷铁令蒙克携妻由噶(斯)投诚，迭〔送〕宁讯明，实系沐恩向化，经副都统宗室莽鹄赉奏送入京。

乾隆十〈十〉年九月，郡王额尔德尼厄尔克托奈呈请，将伊第四子策令多尔吉[29]另放为一札萨克，于伊所管十佐领内拨给佐领四个管辖。经副都统众佛保据情转奏，允准添放，颁给印信。原日青海二十九旗，今添台吉策令多尔济〔吉〕一员，添成三十旗之数。

乾隆十五年，准夷宰桑沙拉尔等带男妇大小二百余名口，由噶斯投诚。询明因准夷自相吞并，伊弟等恐其侵掠，乘间来投。经副都统班第接报具奏，奉旨：送往查哈尔地方安插，其夷首沙拉尔授为散秩大臣职衔，管辖投诚部落。

是年春间，西藏郡王珠采纳水〔木〕扎尔请以青海已故亲王汪楚克之女与伊子结婚，驻藏大臣据情入告，而亲王之福金〔晋〕[30]以路遥未允。上命副都统班第往劝，作伐联姻。钦赐汪楚克之妻嘉名英〔莫〕尔根哈屯，令女舅公纳木扎尔策令[31]送甥女赴藏毕婚。旋将副都统班第派往西藏，更换都统拉布敦,西宁夷情事务以副都统职衔纪山接办。副都统班(第)于十一月内赴藏途次惊闻(西)藏珠采纳木扎尔悖逆,都统傅清、拉布敦诛逆。番部叛乱,傅、拉二公尽节捐躯,入祀昭忠。副都统班(第)抵藏,将逆党剿戳〔戮〕,藏地遂平。公纳木扎尔策令中途闻信,带甥女仍归青海。

是年,行在[32]陛见,上念伊辅国公纳木扎尔策令勤劳,晋升贝子。副都统纪山到任月余,缘事被建〔逮〕,以归化城都统众佛保暂管事务,又派副都统舒明与众(佛保)同办数月,留舒(明)驻宁,调众(佛保)仍回原任。

此年,莫尔粮〔根〕哈屯病故,遗子汪丹多尔〈台〉吉〔济〕怕拉麻〔玛〕甫及二岁,承袭亲王。因务旗〔旗务〕之〔乏〕人管理,经舒明奏,派理藩院司官一员,三年更代一次。贝子纳木扎尔策令协办旗务,俟亲王成立晓事,再请报撤。

乾隆十九年正月,舒(明)任满回都,以副都统宗室德尔素来宁接办。至乾隆二十二年,任满回京,以副都统积福接管,未及三载,派赴西藏,其西宁事务以都统理藩院侍即〔郎〕多尔济接办。从前纸〔总〕理青海大臣每年养廉银六千两自〔之〕多,廷议每年养廉银一千两,后以为例。

乾隆二十五年,陕甘总督杨应琚以准夷歼灭,逆回授首,青海之德〔特〕布特尔、依〔伊〕克柴达木两路卡伦毋庸设立,奏准裁撤。

是年，奉旨：库伦[33]现有应办事宜。侍即〔郎〕福德调赴库伦，所有迎接哲布宗丹巴呼图克图[34]，着西宁办事之副都统晋〔留〕保住前赴里〔理〕塘[35]搬请，青海印信暂交主事查锡纳暂行掌管。旋奉谕旨：嗣后西宁毋庸再派大臣，即照宁夏等处之例，部派司官足可办理。奉文调取原掌总理青海印信缴部裁撤，夷情大臣止留司员一员，笔帖式二员，董率其事。

次年，副都统留（保住）自〔理〕塘旋宁，目睹情形，见其事务纷繁，虽有司官办理，似觉周章。并将青海事务及地方官滥给路照情节，备叙章程奏。奉旨：似此看来，宁地不可无大臣。随派刑科给事中副都统职衔七十五携带原缴关防赴宁办理青海事务。副都统七（十五）抵任之始，青海各札萨克呈控：连年郭〔果〕洛克搔扰青海，偷赶牲畜。公议：在郭〔果〕洛克出没要区，商纳沙拉兔、格得尔格等处设立卡伦，派拨青海蒙古兵八百名，札萨克四员，自备资斧，率领堵御，每年春冬更换，以防不虞。嗣于二十九年章嘉呼图克图因父百户古鲁丹怎病故，告假殡葬。适有川属中郭〔果〕洛克头目麻克素尔工布谒见，备称郭〔果〕洛克搔扰青海者，缘专管头目不能钤束，请将伊放上、中、下三郭〔果〕洛克总统头目，管束番众，不致偷窃滋事。呼图克图商同副都统七（十五）据情入奏，奉旨：派出领侍卫内大臣阿桂[36]驰驿来宁，查询麻克素尔工布情节。适据札萨克台吉汪楚克阿布垣〔坦〕从商纳〔尚那〕克卡伦拿获郭〔果〕洛克贼犯铁豹等二十余名，经内大臣阿（桂）、副都统七（十五）审拟具奏，在宁正法，枭首悬示边口。第正法之郭〔果〕洛克，大半皆隶麻克素尔工部〔布〕所属。内大臣阿（桂）奉旨赴川署理督务，嗣出黄胜关，晓谕郭〔果〕洛克番众，务须安静，不得仍前抢劫。虽经晓谕，该处番众阳奉阴违，时行抢劫，但青海地方辽阔，道路丛杂，虽设卡伦三处，不能处处周家〔至〕。

乾隆三十年，亲王汪丹多尔吉〔济〕怕拉麻〔玛〕年及十五，娶妻任事，撤去部派章京，彼时郡王色布腾多尔济病故，并无嫡亲子侄，遗职以族弟图拉克齐春比尔[37]题请，旨降一级，授为贝勒之职。辅国公达什纳木札尔病故，亦无子嗣，所遗原缺，即以从子立他〔里塔〕尔承袭。

乾隆三十一年，副都统七（十五）三年任满，惑于游僧之言行，调各旗关〔佐〕领运赴军营（以）倒毙马价诱取空白印纸，填写保旗呈词。适署陕甘总督舒赫德查验城工到宁，诓贝子沙克都尔札布迎投，陕督舒（赫德）不敢隐匿，原呈入告，随派出理藩院侍郎海明管理青海事务。副都统七（十五）革职，发往乌什[38]，自备资斧，效力赎罪。旋奉廷寄令，侍郎海（明）、副都统七（十五）同往盟所，调集三十旗王公札萨克等查询深留情节，侍郎海（明）朦混奏结。

是年，郭〔果〕洛克番贼率众潜越青海，抢劫札萨克台吉恭格色布腾[39]等旗牲畜。彼时札萨克贝子罗布藏色布腾[40]、台吉公格策令[41]坐卡防守，畏缩未敢。侍郎海（明）参奏：将贝子罗布藏色布腾革去札萨克，仍留原职，罚俸三年。伊旗事务，以胞弟巴尔吉时添放札萨克台吉之职管理旗务。恭〔公〕格策令革去札萨克台吉之职，以伊兄吹仲札布顶补。

是年，郡王索诺未〔木〕丹津年班进京，面奏保留情节，天颜震怒，派出领侍卫内大臣固山贝子札拉丰阿、四川道监察御史星格布、郎中职衔巴尔聘〔品〕驰驿前来查审。于乾隆三十三年正月二十日抵宁，即于二十一日前赴镇海堡官署，调集三十旗王、贝勒、贝子、公、台吉等查询确情，据实入告。令侍郎海（明）回京，途次山西被逮，拟以立斩，蒙恩宽宥，改为秋后缓决，羁禁刑狱。三十六年恭逢皇太后万寿，始行赦出。副都统七（十五）亦经被捕，问拟斩决。

次年，勾决青海事务，令固山贝子札（拉丰阿）暂行管理，未及两月，接奉谕旨：郎中巴（尔品）授为副都统职衔，管理青海事务。随奏防范郭〔果〕洛克卡伦，添兵一千名，札萨克五员，董率其事，每年更换二次。本衙门笔帖式于夏秋二季各巡查一次，水〔永〕以为例。每年青海各札萨克年班进京朝觐及行调木兰随围，俱派司官伴送前往。经副都统巴（尔品）具奏：本衙门事务纷繁，虽设司官一员，笔帖式（三）员，不敷差遣。奏请添设领催二名，以供差遗〔遣〕。敕下部议：经理藩院议准，将每年伴送赴京随围司员停止，令其自行前来，毋康〔庸〕添派领催。副都统巴（尔品）将及十月，授为雅尔[42]参赞大臣。旋奉谕旨：西宁无甚事件，不必专设大臣，其青海事务令陕甘总督兼管。适贝子纳木札尔策令木兰随围，面陈机宜，蒙恩允准。复派出护军统领宗室莽鹄赉管理青海，旋即改调派〔驻〕藏。派出侍卫傅景，授为副都统职衔，管理青海。

乾隆三十三年，镇国公索诺木巴尔吉[43]病故，并无子嗣，以族侄索诺木多布吉咨请题袭。奉旨降一等，授为辅国公之职。札萨克台吉色布腾多尔济[44]、纳木希里策旺[45]病故，亦无子嗣，所遗二缺，即以贡楚克、都尔麻札布准袭札萨克台吉之职。

乾隆三十六年，亲王汪丹多尔济怕拉麻〔玛〕病故，亦无嫡亲子侄，经内大臣诚毅伯伍未〔弥〕泰咨请以族兄札萨克台吉纳汉达尔济题袭。奉旨降一等，授为郡王，所遗札萨克台吉之职，准袭与胞弟罗布藏丹津。

乾隆三十九年，内大臣伯伍(弥泰)任满三年，调赴西藏，更换护军统领宗室莽(鹄赉)回京，派出署理藩院侍郎福禄管理青海事务。

四十一年九月，内札萨克辅国公立他〔里塔〕尔在商纳〔尚那〕克卡伦被果洛克贼番杀伤。侍郎福(禄)星驰往验，被坐卡蒙古及公之子等瞒哄信实具奏。彼时陕督勒(尔谨)闻信赴宁，随调甘肃各镇、协、绿旗官兵二千余名，听候提调追剿。旋奉谕旨：因侍郎福(禄)办理不实，复派都察院左都御史阿、理藩院郎中法、刑部员外郎拓驰驿来宁，带同侍郎福、平庆道福等出口，前赴巴什塘地方，调集应质人犯，究查办具奏。奉旨：将侍郎福(禄)革职，发往伊犁，自备资斧效力。将跟随之章京等鞭责发落，交给驻卡札萨克永远充当苦差。伊旗蒙古发往伊犁、阿拉善等处为奴。钦奉谕旨，派副都统衔惠龄管理青海。

四十一年，副都统惠(龄)出口巡查卡伦途次，原任辅国公达什纳木札尔之子隆奔控告公立他〔里塔〕尔篡夺公爵。经副都统惠(龄)查明具奏，将原任(辅)国公爵达什纳木札尔之子隆奔并(辅国)公立他〔里塔〕尔之子汪札尔选差本衙门通丁送京引见。奉旨：降一等，隆奔准袭札萨克台吉之职，汪札尔放为头等台吉。其原任(辅国)公(里)他〔塔〕尔之家产，作为四六摊分。汪札尔等弟兄并伊母等，归并郡王纳汉达尔济管辖。

(以下缺)

注释：

[1]奴才：是清代皇宫中常用而又特别的称呼，是满语“阿哈”的汉译。清代凡是满族文武官员在皇帝面前都自称“奴才”，包括那些一品顶戴的大官在内，没有一个例外。不仅口语中讲，而且在给皇上的奏折中也自称“奴才”。

[2]素纳：亦作索纳。曾任喀什噶尔帮办参赞大臣，满洲镶黄旗人，于嘉庆二十五年(1820)任青海办事大臣。《西宁府续志》称乾隆

五十九年(1794)任钦差办理青海蒙番事务大臣，经查《清实录》及《清史稿》，与事实不符，系误记。

[3]侍郎常寿：雍正时，罗布藏丹津叛乱，派遣兵部侍郎常寿前去谈判，竟被罗布藏丹津拘禁。

[4]贝勒额尔德尼厄尔克托克托奈：为和硕特部前右翼首旗贝勒，雍正元年(1723)因功晋封多罗郡王。

[5]贝子索诺木达什：为和硕特部北左翼右翼贝子。

[6]公噶尔旦达什：为和硕特部南左翼右后旗辅国公，雍正元年(1723)二月晋封镇国公。

[7]郡王代青和硕气插汉丹敬：为和硕特部前首旗郡王。雍正元年(1723)二月晋封和硕亲王。通作“察罕丹津”。

[8]公莫尔根代青拉插布：为和硕特部南左翼旗辅国公。

[9]贝子丹仲：为和硕特部前首旗贝子。据《清实录》雍正元年二月乙亥条：“追封青海贝子(丹仲)为郡王，遣官致祭，赐银二百两，以其领兵进藏有劳绩也。”

[10]北、西、南三川营堡：即西宁附近的北川营、西川营、南川营。

[11]贝勒明素克汪扎尔：为和硕特部西前旗贝勒，雍正四年(1726)十二月，晋封多罗郡王。

[12]色布腾扎尔：为绰罗斯部南右头旗贝勒，雍正二年(1724)五月晋封多罗郡王。

[13]逆党：指青海蒙古罗布藏丹津反清，甘青一部分藏族随之响应。庄浪(今甘肃永登县)的谢尔登部落占据棹子山、棋子山；凉州(今武威市)的沙马拉木扎本巴等与蒙古通连；青海郭隆寺、郭莽寺逃出的喇嘛，联合西宁之纳朱公寺(今门源朱固寺)、朝天堂寺(今天

祝天堂寺)、加多寺(今门源加多寺)藏族与庄浪藏族联络,抵抗清军,被岳钟琪等部清军十一路,分别镇压。

[14]棹子山、棋子山:均在今甘肃省天祝藏族自治县境内。

[15]丹敬珲台吉父子:指青海蒙古罗布藏丹津的主谋吹拉克诺木齐、阿拉布坦温布藏巴布。

[16]献俘:以战胜所获之俘囚,告祭于庙社,曰"献俘"。《清会典》谓:"凡献俘之礼,择日皇帝遣官献俘于太庙,复献俘于社稷坛。"

[17]年羹尧条陈善后:即雍正二年(1724)五月,年羹尧等上奏的《青海善后事宜十三条》及《请禁约青海十二事》。

[18]添设一镇:雍正三年(1725)在今门源县城置大通卫,遂筑大通、永安、白塔三城。大通地置总兵官并左、右游击兼以守备,摄其中衡,统白塔营参将、永安营游击。六年(1728)撤销大通卫,新设大通镇,辖白塔、永安、永固、永昌等营,归甘肃提督节制。十三年(1735)改设大通协,裁总兵官及永固、永昌两营,置副将一员,改隶西宁镇管辖。

[19]扁都口:位于今宁(西宁)张(张掖)公路145公里处,是青海、甘肃之间的交通要道。

[20]毛伯胜:原文为毛伯腾,误。即今大通回族土族自治县城关镇。初名白塔城,雍正初有毛姓将吏出兵于此,百战百胜,因此得名。

[21]阿宝一旗:阿宝幼居北京,康熙四十三年(1704)娶和硕格格,授和硕额驸,赐第京师。康熙四十八年(1709)袭阿拉善和硕特旗札萨克多罗贝勒。五十四年(1715)阿宝率兵会同西安将军征巴里坤,攻准噶尔军,诸战皆捷。雍正元年(1723)晋封为多罗郡王。二年移住青海,八年清廷在贺兰山以西设定远营城,以为镇守之地。九年

赏定远营城为其住居之地。乾隆四年(1739)卒。

[22]僧纲:即管理僧人之官。明洪武十五年(1382)置僧录司,各省、府置僧纲司,州置僧正司,各县置僧会司,专管佛教事宜。清因之。

[23]都纲:僧纲司设都纲一人,品秩从九品。副都纲一人,品秩未入流,为一府管理僧人之官员。例择通晓经义,恪守清规之僧人充任,由礼部移咨吏部注册。

[24]达赖喇嘛:即七世达赖噶桑嘉措(1708—1757),生于西康理塘,八岁时在理塘寺出家,九岁迎至青海塔尔寺居住,康熙五十八年(1719)册封为七世达赖喇嘛。十三岁时清军护送入藏,康熙五十九年九月十五日在布达拉宫坐床,拜五世班禅为师。他于乾隆十六年(1751)亲政。

[25]颇罗鼐:后藏江孜人。原为拉藏汗的一位军官,准噶尔入侵拉萨后被俘。后在中尼边境当一名小官,他与阿里总管康济鼐在后藏起兵反准噶尔,并配合清军入藏,以功升为噶伦。1727年西藏发生阿尔布巴之乱,噶伦阿尔布巴杀首席噶伦康济鼐,颇罗鼐逃至后藏,举兵反抗。清军再次入藏,处死阿尔布巴等人,命颇罗鼐总管西藏事务。同时,清政府正式设立驻藏大臣事务衙门。公元1739年封颇罗鼐为西藏郡王。乾隆十二年(1747)卒。他一生为祖国统一和民族团结,做出了重要贡献。

[26]策令那木扎尔:随从叔曾祖达什巴图尔附清,雍正元年(1723)拒附罗布藏丹津之叛。三年,授公中札萨克一等台吉。

[27]巴尔党:即巴勒丹。雍正十一年(1733)袭公中札萨克一等台吉。

[28]台吉恭格:辉特部南旗札萨克,雍正元年(1723)拒从罗布藏丹津之叛。三年,授札萨克一等台吉。九年,晋封辅国公。

[29]策令多尔吉:乾隆十一年(1746)授札萨克一等台吉,即和硕特部南左翼次旗。嘉庆十一年(1806)裁撤。

[30]福晋:即亲王、郡王、世子、贝勒之妻的称谓。

[31]公纳木扎尔策令:乾隆四年(1739)袭绰罗斯部北中旗札萨克辅国公。

[32]行在:天子巡视所住之地。

[33]库伦:今蒙古人民共和国首都乌兰巴托。

[34]哲布宗丹巴呼图克图:为藏传佛教一派黄教的领袖,其第三世生于理塘。

[35]理塘:今四川省甘孜藏族自治州理塘市。

[36]阿桂:清满洲正白旗人,字广廷,号云崖。乾隆时以荫入官,历兵部主事。以平定伊犁及大小金川功,累官武英殿大学士,封诚谋英勇公,卒谥文成。

[37]图拉克齐春比尔:即郡王色布腾多尔济从祖车木贝勒。乾隆三十年(1765)降袭札萨克多罗贝勒,属绰罗斯部南右翼头旗。

[38]乌什:原文为鸟什,误。今新疆维吾尔自治区乌什县。

[39]恭格色布腾:属和硕特部前左翼首旗。

[40]罗布藏色布腾:属和硕特部北左翼右旗。

[41]公格策令:属和硕特部西左翼后旗。

[42]雅尔:今新疆维吾尔自治区塔城县西,乾隆时置塔尔巴哈台厅治驻此,后徙塔城县治。

[43]索诺木巴尔吉:乾隆十三年(1748)二月袭札萨克镇国公,寻

亡。由族侄索诺木多布吉于乾隆三十三年(1768)降袭辅国公,属和尔特部南左翼后旗。

[44]色布腾多尔济:乾隆十九年(1754)袭札萨克一等台吉,三十四年(1769)亡。无子,由察罕喇布坦子贡楚克承袭,属土尔扈特南前旗。

[45]纳木希里策旺:乾隆十年(1745)袭扎萨克一等台吉,十四年亡。无子,由族弟都勒玛札布承袭,属土尔扈特部南后旗。

湟中杂记

[清] 文孚 著

李葆艺 魏明章 校注

目　录

一、建置　/79

二、城池　/81

三、公署　/82

四、职官　/83

五、兵防　/86

六、山川　/93

七、寺院　/100

八、青海蒙古　/109

九、青海诸番　/119

十、贵德厅土兵　/136

十一、西宁至西藏路程　/137

十二、贡赋　/137

十三、西宁(办事)大臣衙门原额养廉、工食并酬赏喇嘛、朱红、纸、笔银两数目　/146

一、建　　置[1]

西宁府

西宁府,古西羌地,谓之湟中。自汉迄元,沿革不一。宋崇宁三年收复河湟,改为西宁州,西宁之名自此始。明初改为西宁卫[2]。国初因之,雍正三年改为府。

碾伯县

碾伯,古湟中地。明初移卫于西宁,以碾伯为右所。国初因之,雍正三年置碾伯县。

大通县

大通,亦古西羌地,后属吐谷浑[3]。国初为蒙古部落。闉门外有塔,蜃灰垩之[4],故俗谓之白塔。雍正三年平定逆酋,置大通卫。乾隆二十六年改设县治。

贵德厅

古西羌所居，后属吐谷浑。明置贵德所，国初因之。雍正四年裁河州卫，隶临洮府。乾隆三年改隶西宁府。二十六年改设县丞，五十六年改设同知。

巴燕戎格厅

古西羌地，乾隆十年设抚番通判[5]。

注释：

[1]原本无目，“建置”系校注者拟加。

[2]明初在京师和各地皆设卫、所。数府划为一个防区设卫，下设千户所、百户所。约5600人称卫，1120人称千户所，120人称百户所。百户设总旗10名，小旗10名。军士世袭。大部分屯田，小部分驻防。军饷的大部分屯田支给。其军官：卫称指挥使，所称千户、百户。各卫所分属于各省的都指挥使司。

[3]吐谷浑，谷音yù。西晋末，辽东鲜卑族首领慕容廆的异母庶兄吐谷浑率所属部落西迁到阴山(今内蒙古自治区西部)，再西迁到今甘肃省西南部和青海省东南部地区。其游牧范围东起洮河西岸，西至白兰(今青海柴达木及果洛地区)，东南延展到今四川省北部的松潘一带，和氐羌人杂居。至其孙叶延，始号国名为吐谷浑。至夸吕，自号可汗，居伏俟城(今青海湖西岸布哈河附近)。唐龙朔三年(663)被吐蕃战败，东迁至灵州(今宁夏灵武县境)，吐谷浑故地皆入于吐蕃。

[4]蜃灰垩之：蜃灰，即大蛤蜊壳烧成的粉，色白；垩音è，白垩。垩之，即以白色涂饰。

[5]通判：官名，明清设于各府，分掌粮运及农田水利事务。清代另有府通判，称州判。

二、城　池[1]

丹噶尔城

雍正三年改镇海营游击[2]为参将[3]，移住丹噶尔，后又改为游击。乾隆九年设主簿[4]。

西宁城[5]

雍正十一年重修，周围八里有奇，径长为丈者一千五百三十有六。

注释：

[1]原本无目，"城池"系校注者拟加。

[2]游击：清代绿营兵设游击，职位次于参将，为从三品武官，分领营兵。漕标的副将以下，亦设游击漕标分掌催护粮运等事。

[3]参将：清代为绿营统兵官，位次于副将，为正三品武官，统理本营军务。

[4]主簿：汉代中央及郡县官署均置此官，以典领文书，办理事务。魏晋以后，渐为统兵开府之大臣幕府中重要僚属，参与机要，总领府事。唐宋以后各官署及州县虽仍存此官，职任渐轻。明清各卿寺

亦有设主簿的，或称典簿。外官则设于知县之下，与县丞同为佐官之一，但亦往往省并。

[5]西宁城：原为西平郡治，宋代称青唐城。明洪武十年(1377)开始，修筑西宁卫城，经洪武十九年(1386)陕西都指挥使、都督濮英和洪武二十年长兴侯耿炳文主持建成。明万历三年(1575)重新修筑，砌为砖包城。后又在明万历二十年(1592)，清康熙四十八年(1709)，雍正三年(1725)、十一年(1733)多次重修。城楼悬挂有“怀柔远人”“天河锁钥”“岚光迎旭”“海藏咽喉”等匾额。

三、公　　署

钦差西宁办事大臣[1]署及理藩院司员、笔帖式署，俱系乾隆元年[2]创建。

注释：

[1]西宁办事大臣：原称“钦差办理青海蒙古番子事务大臣”，亦称“青海办事大臣”。清代派驻青海地方的行政长官。雍正二年(1724)起选派理藩院司员为命使，常驻西宁，管理青海蒙古族、藏族地区事务，同时派遣部郎协理。首任青海办事大臣达鼐(蒙古正白旗人)雍正三年(1725)到任。任期初无定制，至乾隆元年(1736)始定为三年一任，额设一员。其职责为监督、限制藏族与青海蒙古各部之间的联系，管理藏、蒙古等族的贡赋和互市，并协助驻藏大臣筹办粮

饷、督饬入藏驿路运输等事宜。辛亥革命后废止。

[2]乾隆元年：李圭臣收藏手抄本作“乾隆九年”，考西宁办事大臣的称谓、设制定员皆始于乾隆元年，故改。

四、职　官[1]

历任西宁办事大臣衔名：

侍郎[2]鄂赉

散秩大臣达鼐彼时有郎中鼐满岱、福宁协理。

都统[3]德成

侍郎众佛保

侍郎玛尔泰彼时有郎中三达礼协理。

散秩大臣色楞

湖北巡抚德龄乾隆元年四月，自德龄以后定为额缺一员，三年更换。然行之未久，更换时有过三年者，有未及三年者。

副都统保祝

副都统巴凌阿

副都统宗室[4]莽鹄赉三年任满，各札萨克[5]等爱戴情殷，呈请又留三年。

副都统众佛保再任。

副都统衔班第

副都统吉三

副都统舒明

副都统宗室德尔素

副都统积福

都统兼理藩院侍郎多尔济

副都统留保住

副都统七十五

副都统海明因七十五授意蒙古王公等将伊照莽鹄赉之事再留三年，其事发觉。奉旨：派贝子[6]札〔扎〕拉丰阿前来审办，暂署办事大臣印务。海明遂亦离任。

副都统衔巴尔品

副都统衔傅景

内大臣都统伯伍弥泰

署理藩院侍郎福禄缘事发，遣伊犁。

副都统衔惠龄

副都统衔法福礼

副都统衔诺穆浑

理藩院侍郎留保住再任。

理藩院侍郎福禄是否即前任福侍郎，未详。福禄未到任以前，奉旨：派西安副都统富伦泰暂署。

理藩院侍郎普福

副都统衔奎舒

副都统衔特克慎

副都统策拔克

理藩院侍郎奎舒再任。

头等侍卫[7]台费荫

头等侍卫台布

副都统宗室都尔嘉

理藩院侍郎玉宁

刑部侍郎贡楚克札布

三等侍卫那彦成

副都统文孚

注释

[1]原本无目,“职官”系校注者拟加。

[2]侍郎:汉代始设,初为宫廷的近侍,东汉以后为尚书的属官,初任称郎中,满一年称尚书郎,三年后称侍郎。自唐以后,中书、门下二省及尚书省所属各部均以侍郎为长官之副,官位渐高。至明清遂递升至正二品,与尚书同为各部的堂官。

[3]都统:武官官衔。清代在内设八旗都统,在各省设驻防副都统,成为进行军事控制的常设军职。清末分九等,第一至第三等为都统、副都统、协都统。

[4]宗室:历代皇族的名称。清代制度,显祖塔克世(努尔哈赤的父亲)的直系子孙始得称为宗室。

[5]札萨克:清代将蒙古族住区分设为若干旗,每旗旗长称为札

萨克，由蒙古的王、贝勒、贝子、公、台吉等贵族充任，管理一旗的军事、行政和司法，受理藩院和将军、都统监督。下设协理台吉2人或4人，助理旗务。属官有管旗章京、副章京、参领、佐领、骁骑校等。

[6]贝子：满语为贝勒的复数，有王或诸侯的意思。早期满族社会中，贝子为“天生”贵族之称。清代颁定宗室爵号，有固山贝尔，简称贝子，其位仅次于贝勒，并以封蒙古贵族。

[7]侍卫：清制，最高者为御前侍卫，乾清门侍卫，多由八旗子弟选充，其统率官称领侍卫内大臣。侍卫分为头、二、三等，满语称为“虾”。

五、兵　　防[1]

西宁循化各营额设官兵

西宁镇总兵[2]，顺治十三年自临巩移驻于此。

大通镇总兵，雍正三年设，十三年改设副将[3]。

雍正至乾隆初年，西宁五营俱设游击各一员，后前后二营改为都司[4]。北川营原设游击，后改为都司。贵德营原设都司，后改为游击。哈拉库图、亦杂石二营原俱设守备[5]，后俱改为千总[6]。

西宁各营额设官弁一百九十七员：

镇标中营　游击一员，守备一员，千总二员，把总[7]四员，经制外委[8]六员，额外外委四员；

左营　游击一员，守备一员，千总二员，把总四员，经制外委六员，额外外委四员；

右营　游击一员，守备一员，千总二员，把总四员，经制外委六员，额外外委四员；

前营　都司一员，守备一员，千总二员，把总四员，经制外委五员，额外外委四员；

后营　都司一员，守备一员，千总二员，把总四员，经制外委六员，额外外委三员；

城守营　都司一员，把总二员，经制外委一员，额外外委一员；

镇属大通协营[9]　副将一员，都司一员，千总一员，把总三员，经制外委五员，额外外委三员；

永安营　游击一员，千总一员，把总一员，经制外委四员，额外外委二员；

白塔营　都司一员，把总二员，经制外委二员，额外外委二员；

黑石头堡　把总一员，额外外委一员；

镇海营　游击一员，千总一员，把总二员，经制外委五员，额外外委二员；

镇海堡　守备一员，经制外委一员，额外外委一员；

哈拉库图尔营　千总一员，经制外委一员，额外外委一员；

喇课营　千总一员，经制外委一员；

巴燕戎格营　游击一员，千总一员，把总一员，经制外委三员，额外外委二员；

巴暖营　守备一员，把总一员，经制外委一员，额外外委一员；

甘都堂堡　千总一员，经制外委一员，额外外委一员；

康家寨堡　千总一员，额外外委一员；

札什巴堡　千总一员，经制外委一员；

乩思观堡　把总一员，额外外委一员；

贵德营　游击一员，千总一员，把总一员，经制外委三员，额外外委二员；

南川营　都司一员，把总一员，经制外委一员，额外外委一员；

亦杂石营　千总一员，经制外委一员；

千户庄堡　把总一员，额外外委一员；

威远营　都司一员，把总一员，经制外委二员；

碾伯营　都司一员，经制外委一员，额外外委一员；

老鸦堡　把总一员，额外外委一员；

冰沟堡　把总一员，额外外委一员；

西大通堡　千总一员，额外外委一员；

北川营　都司一员，把总一员，经制外委一员。

各营兵马编制数：[10]

甘肃西宁镇属标路各营原额马步守兵七千八百六十五名内：马兵三千一百八十七名，步兵三千五百二十八名，守兵一千一百五十名。

镇标五营（原）额马步兵二千八百四十一名内：马兵一千四百七十七名，步兵一千三百六十四名。

城守营原额马步守兵二百三十七名内：马兵四十九名，步兵二十五名，守兵一百六十三名。

大通协营原额马步兵六百五十三名内：马兵三百四十七名，步兵三百六名。

永安营原额马步兵五百三十九名内：马兵一百六十五名，步兵三百七十四名。

白塔营原额马步兵二百七十七名内：马兵九十四名，步兵一百八十三名。

丹噶尔营原额马步守兵三百六十四名内：马兵一百六十二名，步兵九十三名，守兵一百九名。

镇海堡原额马步守兵二百一名内：马兵七十九名，步兵六十五名，守兵五十七名。

喇课营原额马步守兵一百四十四名内：马兵四十名，步兵五十一名，守兵五十三名。

哈拉库图尔营原额马步守兵一百四十三名内：马兵六十五名，步兵七十八名。

贵德营原额马步兵七百二十一名内：马兵二百四十名,步兵四百八十一名。

南川营原额马守兵一百六十六名内：马兵三十四名,守兵一百三十二名。

亦杂石营原额马步兵八十八名内：马兵二十七名,步兵六十一名。

千户庄堡原额马步兵五十五名内:马兵一十名,步兵四十五名。

北川营原额马守兵一百六十五名内：马兵三十三名,守兵一百三十二名。

威远营原额马守兵二百一十二名内：马兵三十四名,守兵一百七十八名。

碾伯营原额马守兵一百五十三名内：马兵四十五名,守兵一百八名。

老鸦堡原额马守兵三十八名内:马兵七名,守兵三十一名。

冰沟堡原额马守兵四十六名内:马兵七名,守兵三十九名。

西大通堡原额马守兵四十五名内：马兵一十四名,守兵三十一名。

巴燕戎格营原额马步兵三百一十七名内:马兵一百二十九名,步兵一百八十八名。

巴暖营原额马守兵一百六十七名内：马兵五十名，守兵一百一十七名。

札什巴堡原额马步兵七十四名内：马兵二十名，步兵五十四名。

甘都堂堡原额马步兵一百一十二名内：马兵三十四名，步兵七十八名。

康家寨堡原额马步兵六十五名内：马兵一十三名，步兵五十二名。

癿思观堡原额马步兵四十二名内：马兵一十二名，步兵三十名。

循化营额设官弁一十七员：参将一员，守备一员，千总二员，把总三员，经制外委六员，额外外委四员。额设马步守兵八百五十九名内：马兵二百五十三名，步兵二百六十三名，守兵三百四十三名。

保安营额设官弁七员：都司一员，把总二员，经制外委二员，额外外委二员。额设马步守兵五百一十七名内：马兵四十八名，步兵一百二名，守兵三百六十七名。

起台堡额设官弁五员：守备一员，经制外委二员，额外外委二员。额设马步守兵二百五十七名内：马兵二十四名，步兵五十一名，守兵一百八十二名。

注释：

[1]原本无目，“兵防”系校注者拟加。

[2]总兵：明代镇守边区的统兵官，有总兵和副总兵，无定员。遇有战事，总兵佩将印出兵，事毕交还。清代总兵为绿营兵正二品武官，受提督统辖，掌理本镇军务，又称总镇，所统绿营兵称镇标。

[3]副将：清设，隶于总兵，统理一协军务。又称协镇。为从二品武官。

[4]都司：明代都指挥使司简称都司，为一省掌兵的最高机构。清代为绿营军官。职位次于游击，为正四品武官，分领营兵。

[5]守备：明代于总兵下设守备，驻守城哨，地位次于游击将军，无定员。清代为绿营统兵官，分领营兵，位于都司之下，称营守备，为正五品武官。

[6]千总：明代京营兵三大营的领兵官，职位低下；各地总兵辖下的低级军官。清代绿营兵编制，营以下为汛，设营千总统领，为正六品武官。

[7]把总：明代京营兵三大营的领兵官和各地总兵辖下的低级军官。清代绿营兵编制，营以下为汛，设把总分领，次于千总，为正七品武官。

[8]外委：清代额外的低级武官，有外委千总，外委把总。外委的职位虽与千总、把总相同，但官阶、薪俸较低。

[9]协营：清代绿营兵在各省设督标（由总督统辖）、抚标（由巡抚统辖）、提标（由提督统辖）、镇标（由总兵统辖）、军标（四川、新疆设，由将军统辖）、河标（由河道总督统辖）、漕标（由漕运总督统辖）。标下设协，由副将统领；协下设营，由参将、游击、都司、守备分别统领；

营下设汛，由千总、把总分别统领。清末裁废。

[10]原本无目，“各营兵马编制数”系校注者加。

六、山　　川[1]

黄河源

星宿海[2]西南有一河，名阿勒坦郭勒蒙古谓黄金为阿勒坦，谓河为郭勒。西有巨石高数丈，亭亭独立，赤紫色，名噶达素齐老蒙古谓北极星为噶达素，石谓齐老。其水色黄，回旋三百余里，穿入鄂敦他拉蒙古谓星为鄂敦，水滩为他拉，即星宿海也。河自发源，为塞外诸水会注，凡三大折，流二千三百余里至贵德边界，水色全黄，始名黄河。源至河州界积石关计二千七百余里[3]，边外直路一千四百五十五里，星宿海在西宁边外西南一千一百一十四里。

星宿海

青海直南由哈套峡至牛格渡、水〔木〕户尔等处千有余里，皆荒草淖泥，过此则火敦脑尔，即星宿海也。其味甘洌，其色湛碧，周四百余里，有黄流如线，入自坤地，出于巽方，一脉蜿蜒，界乎其中，虽大风鼓荡，不为少乱，乃黄河之本派。沿西岸折南，为赴藏通途，于此渡河，深不及马腹，阔仅数丈。至东南出海处，则浩浩漫漫，非舟楫莫可济者。以此考之，星宿海似非河源，所为[谓]伏而复出者也。

查看河源情形

乾隆四十七年奉旨：派乾清门侍卫阿弥达恭祭河源[4]。据奏：于二月二十一日自京起程，三月初六日行抵西宁，初十日由郡起程出口[5]，十五日恭祭青海龙神，二十九日至青海西界，恭祭诺穆浑达巴罕。四月初三日至鄂敦他拉，即星宿海东界。初四日在巴彦霍硕山梁恭祭星宿海，初五日恭祭星宿海东南之阿拉克诺尔、车克诺尔，初六日望祭玛庆山[6]。查看鄂敦他拉，共有三溪流出：自北面及中间流出者，水系绿色；从西南流出者，水系黄色。即沿溪行走四十余里，水遂伏流入地，随其痕迹又行二十余里，复见黄流涌出。又行三十里，至噶达素齐老地方，乃通藏之大路。西面一山，山根有泉流出，其色黄，询之蒙番等，其水名阿勒坦郭勒，此即河源也。当已虔诚恭祭后，遂于十一日由星宿海起程，回京复命等因，于乾隆四十七年七月十四日内阁奉上谕：今年春间，豫省青龙岗漫口，合龙未就。遣大学士阿桂之子乾清门侍卫阿弥达前往青海，务穷河源，告祭河神，事竣复命，并据按定南针绘图具说呈览。据奏：星宿海西南有一河，名阿勒坦郭勒，蒙古语阿勒坦即汉语黄金，郭勒即河也。此河实系黄河上游〔源〕，其水色黄，回旋三百余里，穿入星宿海，自此合流至贵德堡，水色全黄，始名黄河。又阿勒坦郭勒之西，有巨石高数丈，名阿勒坦噶达素齐老。蒙古语噶达素，北极星也；齐老，石也。其崖壁黄赤色，壁上为天池，池中流泉喷涌，酾为百道，皆作金色，入阿勒坦郭勒，则真黄河之上源也。其所奏河源，颇为明晰。

从前，康熙四十三年，皇祖命侍卫拉锡[7]等往穷河源，其时伊等但穷至星宿海，即指为河源，自彼回程复奏，而未穷至阿勒坦郭勒之黄水，尤未穷至阿勒坦噶达素齐老之真源。是以皇祖所降谕旨并《几暇格物》编星宿海一条，亦但就拉锡等所奏，以鄂敦他拉为河源也。今既考询明确，较前更加详晰，因赋《河源诗》一篇，叙述原委。

又因《汉书》"河出昆仑"之语考之，于今昆仑尚在回部[8]中，回部诸水皆东注蒲昌海，即盐泽也。盐泽之水入地，伏流至青海始出，而大河之水独黄，非昆仑之水伏地至此出。而挟星宿海诸水为河渎，而何济水三伏三见，此亦一证。因于《河源诗》后复加按语，为之决疑传正。

嗣又检阅《宋史·河渠志》有云："河绕昆仑之南折而东，复绕昆仑之北"诸语。夫昆仑，大山也。河安能绕其南又绕其北，不待辩而知其诬。且昆仑在回部，离此万里，谁能移此为青海之河源！既又细阅康熙年间拉锡所具图，于贵德之西有三支河，名昆都仑。乃悟昆都仑者，蒙古语谓横也，横即支河之谓。此元时旧名，谓有三横河入于河。盖蒙古以横为昆都仑，即回部所谓昆仑山者，亦系横岭。而修书者不解其故，遂牵青海之昆都仑河为回部之昆仑山耳。既解其疑，不可不详志。

因复著读《宋史·河渠志》一篇，兹更检《元史·地理志》见有《河源附录》一卷，内称："汉使张骞道西域，见二水交流，发葱岭[9]汇盐泽，伏流千里，至积石而再出。"其所言与朕"蒲昌海即盐泽之水入地伏流"意颇合，可见古人考证，已有先得我心者。按《史记·大宛传》云："于阗之西水皆西流注西海，其东水东流注盐泽潜行地下，其南则河源出焉，河注中国。"《汉书·西域传·于阗国》条下所引亦同，而说未详尽。张骞既至蒲昌海，则或越过星宿海直至回部地方，或回至星宿海而未寻至阿勒坦郭勒等处，当日还奏必有奏牍或绘图陈献。而司马迁、班固纪载弗为备详始末，仅以数语了事，致后人无从考证，此作史者之略也。然则《武帝纪》所云"昆仑为河源"本不误，特未详伏流而出青海之阿勒坦噶达素而经星宿海为河源耳。至元世祖时遣使穷河源，亦但言至青海之星宿海，见有泉百余泓，便指谓河源。而不言其上有阿勒坦噶达素之黄水，又上有蒲昌海之伏流，则仍属得半而止。朕从前为《热河考》即言，河源自葱岭以东之和阗、叶尔羌诸水潴为蒲昌海，即盐泽，蒙古语谓之罗布淖尔。伏流地中，复出为星宿海云云。

今复阅《史记》《汉书》所记河源，为之究极原委，则张骞所穷正与今所考订相合，又岂可没其探本讨源之实乎？所有两汉迄今，自正史以及各家河源辨证诸书，允宜通行较阅，订是正讹，编辑《河源纪略》一书，着四库馆总裁督同总纂等悉心纂办，将御制河源诗文冠于卷端。凡蒙古地名、人名译对汉音者，均照改定正史，详晰校正无讹，颁布刊刻，并录入《四库全书》，以昭传信。特谕钦此。

西海

西海，又谓之青海，在县治[10]西二百七十余里。周围海面七百余里，东西长亘，南北狭。中央有山突起，形如螺壳。稍西又出一山，状若驼峰，望之如积雪焉。

湟水

湟水，其源出西塞外，流入县治。古湟中之名，即由是水。此水自丹噶尔东与众泉会流成河，由西石峡[11]进口，又谓之西川河。湟中有勒且[12]、宜春[13]诸水，独以湟中名者，诸水皆归宿于湟，而流绕于郡邑也。

青盐池

盐池[14]，在县治西五百余里，青海西南今蒙古郡王[15]车灵端多普、贝勒[16]扎木巴勒多尔济地界内。周围二百余里，卤水结为厚盖，盐系天成。蒙古于盖上凿孔，以铁勺捞取，贩至内地贸易，郡民赖之。

昆仑山

黄河源至星宿海，中间地可三百余里，泉源大小无数，为众山环绕。近河源有巴颜喀喇山蒙古谓富贵为巴颜，黑为喀喇，地势极高，为南北[17]诸山之祖，山石黑色，即古昆仑山也又名枯尔坤，即昆仑转音也。近星宿海有阿塔齐钦、巴尔布哈二山，高大异常，一则两峰如马耳，正当其北；一则两崖壁立，当其东北。蒙古亦谓之枯尔坤，与源西之巴颜喀拉〔喇〕同名，以为三山皆昆仑也。

积石山

大雪山，即古积石山。自巴颜喀喇山东来，当黄河北岸，绵亘三百余里。上有九峰甚高，中峰独出，冬夏积雪，百里外即望见之。又谓之麻禅山番语谓险恶为麻禅，今又书为玛庆，即麻禅之转音也，在西宁边外西南五百三十余里，为西海以南诸山之冠。

小积石山

在碾伯县治东二百余里河州界内。两山夹峙，多巨斧痕，河出其中，相传为古积石，恐非。或曰唐宋以来所名之积石也，亦曰小积石。

昆仑、积石二山，古人辨论不一，摘录于此，以备参考。

红崖山[18]

在西宁县治东北八十里，其土赤，因名。山腰有古洞，中有佛阁。志称："红崖峙其左。"是也。

注释：

[1]原本无目，"山川"系校注者加。

[2]星宿海：位于今青海省玉树藏族自治州曲麻莱县麻多乡。这

里小泉众多,宛如天上列星,故名。《宋史·河渠志序》:"今西蕃朵甘思南鄙曰星宿海者,其源也。四山之间,有泉近百泓,汇而为海,登高望之,若星宿布列,故名。"

[3]积石关在今青海省循化撒拉族自治县孟达乡,为明代二十四关之一。罗振玉刻本作"计二十七百余里",误。据李圭臣收藏本将"十"校为"千"。

[4]祭河源:诏封和祭祀海神、河神的活动始于唐。其意义是作为君权神授的封建统治的一种象征性仪式。乾隆中叶,黄河中下游一再决口泛滥。乾隆帝派乾清门侍卫满族人阿弥达前往青海,指示他:"务穷河源,告祭河神,事竣复命,并据按定南针绘图具说呈览。"这种祭祀活动一直沿袭至清末及民国时期。

[5]出口:指翻越青海日月山去牧区的山口。

[6]玛庆山:即阿尼玛卿山,藏族尊称为"神山"。又称大雪山、大积石山,位于果洛藏族自治州玛沁县境内,海拔高6282米。

[7]拉锡:蒙古正白旗人,图伯特氏。康熙间偕舒兰往穷河源,雍正间累迁正白旗满洲都统,以事夺官,旋复职。

[8]回部:指今新疆维吾尔自治区天山以南地区。

[9]葱岭:在新疆维吾尔自治区西南,昆仑、天山皆发脉于此,世称"亚洲之脊"。

[10]县治:指原西宁府属西宁县治所,即今西宁市。

[11]西石峡:俗名湟源峡,两山陡削相对,河流其中,为西路要隘。峡内有佛尔崖,壁画犹存,并有"山高水长""海藏咽喉"等石刻题字。风景优美,为旅游的胜地。

[12]勒且:即今青海省平安县的沙沟水。

[13]宜春：即今青海省互助土族自治县的红崖子沟水。

[14]盐池：即今青海省海西蒙古族藏族自治州乌兰县茶卡盐池。

[15]郡王：其名始于西晋，唐代诸王的长子封郡王，为次于亲王一等的爵号。宋代以后略同前置。清代宗室封爵第三级称为多罗郡王，简称郡王。

[16]贝勒：满语中王或诸侯的意思。早期满族社会中，贝勒为“天生”贵族之称，努尔哈赤曾用以称其子侄。清代颁定宗室爵号，有多罗贝勒，简称贝勒，其位仅次于亲王、郡王，并以封蒙古贵族。

[17]南北：罗振玉刻本作“南山”，李圭臣收藏手抄本作“南北”，故将“山”字校为“北”字。

[18]红崖山：在今互助土族自治县红崖子沟乡境，藏语称“玛尔藏”。其下有禅院俗称白马寺，原建于唃厮啰时代，为复兴藏传佛教的喇钦·贡巴饶赛所建。

七、寺　院[1]

沿革[2]

郭隆寺[3]**、果莽寺**[4]

雍正元年，二寺喇嘛随青海蒙古谋逆，经官兵焚毁。

雍正十年，奉旨敕建郭隆寺，赐额佑宁寺，果莽寺赐额广惠寺，并蒙敕赐碑文。限令每寺延僧二百人，常住董修。

将番地所输之粮，每岁按寺给发，以为口粮衣单之资。其印诰缴于礼部，不准世袭。

乾隆元年，奉旨：僧、道、喇嘛颁给度牒，其僧、道素守清规者，止准招受生徒一人。

塔尔寺[5]

一名佛山，番名棍布木寺，殿瓦皆流〔镏〕金。殿中有银塔一，即宗喀巴[6]藏舍利之所，故寺以此得名。

喇嘛有黄教[7]、红教[8]之分。首倡黄教者，即宗喀巴也。相传宗喀巴生时，胞衣埋此地，后生菩提树[9]一株，并言叶有生成梵字，能治百病。虽为寺僧传会之词，而蒙番信之。

各寺匾额

塔尔寺　康熙年间敕赐"净土津梁"匾一面；又乾隆年间敕赐"梵教法幢"匾一面；乾隆十四年，敕赐"梵宗寺"匾一面；四十四年，班禅经堂敕赐"阐宗演庆"匾一面。

郭隆寺　雍正四年奉旨重修，敕赐"祐〔佑〕宁寺"匾一面。乾隆十四年敕赐"真如权应"匾一面；乾隆三十五年敕赐"广慧寺"匾一面。以上二寺系西宁所属地方。

果莽寺　雍正九年奉旨重修，雍正十年敕赐"广惠寺"匾一面；乾隆年间敕赐"法海寺"[10]匾一面；乾隆四十七年敕赐"大利益殿"匾一面。

朝藏寺[11]　又名吹布宗寺，乾隆二十九年章嘉呼图克图创建。乾隆三十年敕赐"广教寺"匾一面，又敕赐"祥轮永护”匾一面。以上二寺系大通所属地方。

宏善寺[12] 顺治二年建修。康熙三十四年敕赐“慈云殿”匾一面。该寺系碾伯所属地方。

沙冲寺[13] 乾隆五十三年敕赐“法净寺”匾一面。该寺系巴燕戎格厅所属地方。

河源寺[14] 雍正九年建修,敕赐“福祐安澜”匾一面。

达什奇尔寺[15] 又名拉布郎寺,乾隆四十二年敕赐“慧觉寺”匾一面;嘉庆十一年敕赐“佛晖普照”匾一面;嘉庆十四年敕赐“寿禧寺”匾一面。以上二寺系循化厅所属地方。

(札雅寺)[16] 土官〔观〕呼图克图在凉州地方建修〈札雅寺〉,乾隆五十五年敕赐“延禧寺”匾一面。

马蹄寺[17] 亦系土官〔观〕建修,在甘州地方。敕赐“胜果寺”匾一面。

(格布希寺)[18] 台吉贡布多尔吉在游牧地方建修〈格布希寺〉。嘉庆十四年敕赐“嘉祥寺”匾一面。

各处喇嘛衣单口粮[19]

贵德厅

应支衣单口粮喇嘛六百四十名,应支仓斗粮一百五十八石三斗三升六合。

巴燕戎格厅[20]

应支衣单口粮喇嘛三百六十二名,应支仓斗粮四百六十一石九斗九升八合九勺。

西宁县[21]

应支衣单口粮喇嘛二千二百四十四名，应支仓斗粮三千五百九十石四升。

碾伯县[22]

应支衣单口粮喇嘛七百三十六名，应支仓斗粮七百八十九石四斗一合三勺

大通县[23]

应支衣单口粮喇嘛一千三百二十三名，应支仓斗粮三千六百三十八石二斗五升。

丹噶尔主簿

应支衣单口粮喇嘛二百二十六名，应支仓斗粮三百六十一石六斗。

以上应支衣单口粮喇嘛五千五百三十一名，每名各支不等，共应支仓斗粮八千九百九十石八斗二升六合六勺。

循化厅[24]

河源寺　应支仓斗粮一百二十二石。

哈家寺　应支仓斗粮二十五石六斗。

二(寺)共(支)粮一百四十七石六斗。

注释：

[1]原本无目，"寺院"系校注者拟加。

[2]原本无目，"沿革"系校注者拟加。

[3]郭隆寺:即佑宁寺,俗称尔古隆寺,在今青海省互助土族自治县东南35公里处。始建于明万历三十二年(1604),号称“湟北诸寺之母”,藏名意为“郭隆慈氏洲”。寺内有高僧章嘉大国师、土观、松布呼图克图等活佛20余人,著作如林,在青海藏传佛教史上占有相当重要的位置。明末清初,曾有僧众6000余人。雍正元年(1723)该寺因附罗布藏丹津反清,寺院被焚毁。十年(1732)奉旨重建,赐名佑宁寺,敕赐碑文。同治五年(1866)该寺又毁于战火,光绪时六世土观重建,人数亦减至五六百人。到青海解放时,僧众尚有380人。佑宁寺辖属寺49所,其影响远及甘肃、内蒙、东北一带。较大的有扎雅寺(在今武威)、马蹄寺(在今张掖),松布寺(在今大通)、马营寺(在今乐都)、金刚寺(在今互助)。寺院周围古木蔽荫,风景优美,到处石岩流水,亭台楼阁,为青海旅游的胜地。

[4]果莽寺:即广惠寺,藏名意为“果莽具喜圣教洲”,其地名色柯合,故又称色柯合寺。位于今大通回族土族自治县北40里的衙门庄。始建于清顺治四年(1647),为佑宁寺第十代住持东住嘉措创建。寺内有敏珠尔、沙里瓦等呼图克图及活佛六位,僧侣200余人。雍正元年(1723)寺僧随蒙古亲王罗布藏丹津反清,被清军焚毁。十年(1732)奉旨重建,赐额“广惠寺”,并敕赐碑文。同治五年(1866)又遭兵燹,光绪初年重建,修有大经堂、殿堂、大拉浪九间楼、僧舍等500多间。民国时期,僧众达700余人,僧舍增至600多间,活佛昂欠12处。该寺敏珠尔呼图克图是驻京七大呼图克图之一。广惠寺旧辖有九寺十族,置千户一人。

[5]塔尔寺:位于青海省湟中县鲁沙尔镇,黄教始祖宗喀巴的诞生地,为格鲁派(黄教)六大寺院之一。藏语称为“衮本贤巴林”,意为

"十万佛身弥勒洲"或"慈氏洲"。汉语称塔尔寺。始建于明嘉靖三十九年(1560),万历五年(1577)后经历代扩建,始成为今天"瓦皆镏金,宏敞壮丽,为诸寺之冠"。寺内有大小活佛70多位,僧众达3500人,是闻名中外的佛教圣地。塔尔寺的佛殿、经堂、佛塔、僧舍等是藏汉建筑艺术结合的典型。寺内珍藏元、明、清、民国时期的历史文物与典籍甚多。又是蒙古族、藏族人民雕塑、绘画、建筑艺术的宝库,其中的酥油花、壁画、堆绣,被誉为"塔尔寺三绝"。为国务院1961年第一批公布的全国重点文物保护单位之一。

[6]宗喀巴(1357—1419):今青海省湟中县人。原名罗卜藏仔华,宗喀巴是尊称,藏语中意为"湟水滨人",又尊称"结仁波且",意为"宝贝佛爷"。他的父亲叫达鲁花赤娄本盖,母亲名香茂阿趣,宗喀巴是他们的第四子。他小时候很聪明,三岁就拜师念经,作了居士。七岁到今化隆夏琼寺出家,拜端珠仁庆法师为师,学习经典。十六岁去西藏,在噶当、萨迦诸大师指导下研习五论、五明,显密兼通,造诣颇深。鉴于当时当地藏传佛教戒行废弛,僧侣生活不检,遂以噶当派教义为立论之本,结合自己的见解,从倡导戒律入手建立完整修习次第,进行改革。著《菩提道次第广论》《密宗道次第广论》等书,阐明显密两宗修行次第,提倡不分显密都必须恪守戒律,形成一代宗风,被称为新派。宗喀巴52岁时,永乐皇帝派使者请他进京,他因病辞谢,派弟子释迦也失代表他进京。永乐七年(1409)在拉萨大昭寺创办大祈愿法会(藏语作默朗钦波),同年又在拉萨东建立甘丹寺,标志格鲁派的体系已形成。永乐十七年(1419),在西藏甘丹寺圆寂,终年62岁。在宗喀巴法嗣的努力及清朝政府和蒙古和硕特部的支持下,格鲁派的势力遍于全藏,远及四川、甘肃、内蒙古、外蒙古和东北等地。

[7]黄教:藏传佛教格鲁派的称呼。

[8]红教:藏传佛教宁玛派的称呼。由印度莲花生大师于8世纪初叶受藏王赤松德赞迎请,来到西藏弘法后创立的教派。

[9]菩提树:即旃檀树,丁香科。据说塔尔寺大金瓦殿前这株菩提树的树皮由许多薄层组成,剥去一层,就出现一种不规则的花纹,颇似梵文或佛像,因而僧众们把它看得很神圣。

[10]"法海寺"匾:今仍保存在大通回族土族自治县广惠寺内,上有"乾隆御笔之宝"字样。

[11]朝藏寺:又名却藏寺。位于今互助土族自治县却藏滩。清顺治四年(1647)为却藏南结环觉尔创建。雍正元年(1723),寺僧随罗卜藏丹津反清,寺院被毁。而后得以重修,敕赐名"广济寺"。寺门前山门仿故宫午门式,建有九龙壁一座,规模巨大。同治年间寺院部分被毁。光绪十三年(1887)由五世却藏呼图克图重建,僧侣300余人。寺主除却藏呼图克图外,还有卡完呼图克图、拉麻赛僧、丹斗堪布等。所属寺院有夏琼寺(在今化隆)、扎藏寺(在今湟源)、白马寺(在今共和)、乃曼寺(在今甘肃肃南)、夏日苏木寺(在今新疆和静)等。

[12]宏善寺:《西宁府新志》作"洪善寺",即今民和回族土族自治县的巴觉寺。

[13]沙冲寺:即今化隆回族自治县的夏琼寺。藏名意为"大乘功德兴盛洲"或"妙翅崖寺",被称为"诸喇嘛寺之祖寺"或"安多佛教之母寺"。系藏传佛教格鲁派始祖宗喀巴出家拜师学经的地方,始建于元至正九年(1349),有大小建筑群27个,佛殿、僧舍2260余间。寺内设有哲学院、密宗院、天文院、医学院等。据1954年统计,全寺有僧侣880名,大小活佛19位,著名的有德羊仓、贝斯仓、桑堪仓、夏尔冬仓

等。

[14]河源寺:《西宁府续志》称“河源庙”,位于今循化撒拉族自治县黄河南岸。雍正九年(1731)张缙建,同治五年(1866)焚毁,后重建。

[15]达什奇尔寺:即拉卜楞寺,为黄教六大寺院之一。在今甘肃省甘南藏族自治州夏河县。初建于清康熙四十九年(1710),下设6大学院,有18昂欠,108座属寺。建筑宏伟,寺内藏有大量的珍贵文物,被列为全国重点文物保护单位之一。

[16]扎雅寺:在今甘肃省武威市,为佑宁寺土观昂属寺。

[17]马蹄寺:在今甘肃省肃南裕固族自治县马蹄区。寺内马王殿下石阶有一马蹄印,故名。为晋敦煌高士郭瑀隐居处,分南北寺,北寺为石窟。明代有藏族僧侣五六百人,清代属佑宁寺土观呼图克图。

[18]格布希寺:今称拉加寺,藏名称“甘丹扎喜江乃林”,为今青海省果洛藏族自治州玛沁县内最大寺院。最盛时有僧人1 300余人。由阿柔格西坚赞鄂赛创建于清乾隆三十四年(1769)。寺主香萨活佛为外呼图克图之一。专院有大经堂1座、小经堂5座、僧舍建筑有900余间,有显、密、医学、时轮等4大扎仓,印经院1所。寺院依山傍水,松柏苍翠,景色宜人。

[19]衣单口粮:清雍正三年(1725),据年羹尧奏《青海善后事宜十三条》:“至番民之粮,应俱交地方官管理。每年量各庙用度给发,再加给喇嘛衣服银两。”为喇嘛按口所给衣服、口粮,称衣单口粮,在各地番粮内支给。

[20]巴燕戎格厅:今化隆回族自治县。据《西宁府续志》:“沙冲寺、药草台寺,共喇嘛三百六十二名。每名岁支衣单口粮一石六斗或

一石七升二合一勺不等，共支仓斗粮四百六十一石九斗九升八合九勺。”

[21]西宁县：包括今西宁、湟中、平安、互助等市县。据《西宁府续志》：“支西纳上下寺、塔尔寺、佑宁寺、麻家寺、吉家寺、贾尔吉寺、西纳新庄子寺、千佛台寺、刚岔寺、押必庄寺、阿探族寺、写尔刚寺、红觉寺、普崖奔巴尔寺、普崖净房寺、速尔吉寺、羊巴林寺、白杨沟寺、西纳多尔只寺、宝贝寺、巴哇族寺、石沟净房寺、白塔寺、小演教寺、华延寺、白扎尔的寺、弥陀寺、宁寺、觉化寺、圆觉寺、下昝扎寺、红庆寺、仙密寺、开佛寺、隆化国寺、安定藏经寺、纳令族寺、隆化禅寺、温朱古寺、西域寺、甘禅寺，共喇嘛二千二百四十四名，每名岁支衣单口粮一石六斗，共支粮三千五百九十石四斗。”

[22]碾伯县：包括今乐都、民和等县。据《西宁府续志》：“支瞿昙寺、药草台寺、普化寺、冶尔吉寺、工巴寺、如来寺、洛巴寺、弘通寺、慈利寺、延寿寺、开化寺、静宁寺、静觉寺、宝刚寺、宝佛寺、广教西纳寺、吉祥寺、汤尔源寺、静和寺，共喇嘛七百三十六名，每名岁支衣单口粮一石七升二合六抄七撮，共支粮七百八十九石四升一合三勺。”

[23]大通县：包括今大通、门源、祁连等县。据《西宁府续志》：“支广惠寺、朝藏寺、老佛寺、祁家寺、奴木气寺、窝尔错寺、班古寺、加多寺、他尔寺，共喇嘛一千三百二十三名，每名岁支衣单口粮二石七斗五升。”

[24]循化厅：今循化撒拉族自治县，清道光三年(1823)从兰州府改隶西宁府。据《西宁府续志》：“支哈家寺喇嘛一十六名，每名岁支口粮一石六斗。河源庙僧人二十名，首僧一名，岁支口粮八石；众僧十九名，每名岁支口粮六石，共支粮一百四十七石六斗。”

八、青海蒙古[1]

青海蒙古姓氏

一、厄鲁忒〔特〕又谓之霍硕特

一、图尔古忒〔扈特〕

一、喀尔喀

一、准噶尔又谓之绰罗斯

一、灰〔辉〕特

各旗驻牧地[2]

黄河南住牧各札萨克

郡王达什仲鼐住哈流图等地方，由贵德行走，离宁约计六百余里。佐领十一个，系霍硕特。左翼前首旗[3]，俗称河南亲王，清嘉庆十二年袭。

台吉汪札尔多尔吉车布腾住苦库乌素等地方，由贵德行走，离宁约计八百余里。佐领五个，系霍硕特。南左翼中旗，俗称达参札萨，为一等台吉，嘉庆十三年袭。

台吉玛吉格策令住古录半别奇尔等地方，由贵德行走，约计离宁一千余里。佐领一个，系图尔扈特。右翼南前旗，俗称妥日和札萨，为一等台吉，嘉庆七年袭。

台吉贡布多尔吉住尚那克等地方，由贵德行走，约计离宁一千六百余里。佐领七个半，系霍硕特。南左翼中旗，乾隆五十六年袭，俗称拉加札萨，为一等台吉。

海西住牧各札萨克

郡王车灵端多普住田庆哈达等地方，由丹噶尔行走，约计离宁一千余里。佐领八个半，系霍硕特。俗称青海王，嘉庆十三年袭，左翼西前旗。

公格勒克拉布吉住怀托洛亥等地方，由丹噶尔行走约计离宁八百余里。佐领二个，系霍硕特。俗称布哈公，为辅国公[4]，嘉庆元年袭。

台吉多尔吉住差古等地方，由丹噶尔行走，约计离宁九百余里。佐领五个，系霍硕特。左翼北左末旗，俗称盐池札萨，为一等台吉，乾隆五十八年袭。

台吉贡布札布住哈里翰、苦尔鲁克等地方，由丹噶尔行走，约计离宁一千二百余里。佐领四个，系霍硕特。左翼北右旗，乾隆五十四年袭，俗称可鲁札萨，为一等台吉。

贝子格勒克纳木札尔住苦尔鲁克等地方，由丹噶尔行走，约计离宁一千六百余里。佐领二个半，系霍硕特。左翼北右旗，俗称可鲁克贝子，为一等台吉，嘉庆十六年袭。

台吉多尔吉汪吉尔住公格勒克拉布吉游牧界内怀托洛亥等地方，由丹噶尔行走，约计离宁八百余里。佐领二个半，系图尔扈特。右翼南中旗，俗称永安札萨，为一等台吉，乾隆五十四年袭。

海北住牧各札萨克

公拉特纳希第住台吉望书〔舒〕克游牧界内群科等地方，由丹噶尔行走，约计离宁二百余里。佐领二个，系霍硕特。南左后旗，嘉庆十五年袭，俗称托茂公，为辅国公。

台吉吉克吉加布住贝子车尔特恩多尔济游牧界内窝隆诺尔等地方，由丹噶尔行走，约计离宁二百五十余里。佐领半个，系喀尔喀。南左旗，俗称哈里哈札萨，雍正三年袭。

台吉望舒克住博洛、群科等地方，由丹噶尔行走，约计离宁二百余里。佐领三个半，系霍硕特。右翼南左末旗，俗称群科札萨，为一等台吉，乾隆五十四年袭。

台吉端多布住贝子车尔特恩多尔济游牧界内窝隆诺尔等地方，由丹噶尔行走，约计离宁二百余里。佐领半个，系霍硕特。右翼东上旗，俗称巴汗诺尔札萨，嘉庆十三年袭，为一等台吉。

贝子车尔特恩多尔济住台吉望舒克游牧界内桑托洛亥等地方，由丹噶尔行走，约计离宁二百五十余里。佐领五个半，系霍硕特。俗称宗贝子，乾隆四十八年袭。

台吉索诺木明珠尔住乌兰墨尔、多洛打坂等地方，由丹噶尔行走，约(计)离宁四百八十余里。佐领二个，系霍硕特。西右前旗，俗称默勒札萨，为一等台吉，嘉庆十四年袭。

郡王沙克都尔住乌兰墨尔等地方，由丹噶尔行走，约计离宁七百余里。佐领九个半，系霍硕特。右翼前左旗，俗称默勒王，嘉庆十三年兼袭。

贝子拉特纳锡第住沙拉哈洛萨等地方，由丹噶尔行走，约计离宁八百余里。佐领二个半，系绰洛〔罗〕斯。右翼北中旗，俗称水峡贝子，嘉庆十三年袭。

台吉达玛令策令住台吉望舒克游牧界内群科等地方，由丹噶尔行走，约计离宁二百余里。佐领二个，系图尔扈特。左翼西旗，考册道光九年袭，但此记至嘉庆十七年，于十八年袭，俗称托里合札萨，为一等台吉。

台吉洛布藏吹达尔住贝子车尔特恩多尔济游牧界内乌兰和硕等地方，由丹噶尔行走，约计离宁五百余里。佐领四个，系图尔扈特。左翼南后旗，嘉庆三年袭，俗称角昂札萨，为一等台吉。

台吉吉克墨特住台吉望舒克游牧界内群科等地方，由丹噶尔行走，约计离宁二百余里，佐领五个半，系霍硕特。左翼南右末旗，嘉庆九年袭，俗称居里盖札萨，为一等台吉。

海南住牧各札萨克

贝勒特礼巴勒珠尔住恭格等地方，由丹噶尔行走，约计离宁五百八十余里。佐领五个半，系绰洛〔罗〕斯。右翼南右首旗，乾隆五十三年袭，俗称尔里克贝勒。

贝勒札木巴勒多尔吉住沙勒窝溥等地方，由丹噶尔行走，约计离宁六百余里。佐领八个半，系霍硕特。左翼西右旗，嘉庆十三年袭，俗称柯柯贝勒。

台吉恩开巴雅尔住柴达木巴彦托亥等地方，由丹噶尔行走，约计离宁一千六百余里。佐领一个，系霍硕特。西左后旗，嘉庆十三年袭，俗称宗家札萨，为一等台吉。

台吉格勒克拉布坦住柴达木希希等地方，由丹噶尔行走，约计离宁一千五百余里。佐领一个，系霍硕特。西右后旗，嘉庆十四年袭，俗称巴隆札萨，为一等台吉。

喇嘛查〔察〕汉诺门〔们〕罕住贝勒特礼巴勒珠尔游牧界内乌兔等地方，由丹噶尔行走，约计离宁三百余里。佐领四个，系灰忒〔辉特〕。察汉诺们罕旗，俗称白佛。

台吉德沁住柴达木哈吉尔、迭布特尔等地方，由丹噶尔行走，约计离宁三千八百余里。佐领一个，系霍硕特。西右中旗，嘉庆十七年袭，俗称乃尔札萨，为一等台吉。

公林沁望书克住巴彦脑尔等地方，由丹噶尔行走，约计离宁三百余里。佐领六个，系灰忒〔辉特〕。右南旗，嘉庆二年袭，俗称端达哈公，为辅国公。

东海〔海东〕住牧各札萨克

公依希达尔吉住查汉托洛亥等地方，由丹噶尔行走，约计离宁二百四十余里。佐领六个，系霍硕特。左翼南右后旗，俗称阿喀公，为辅国公。

以上二十九旗札萨克等因被贵、循番族滋扰，有搬移别旗游牧者，亦有在本旗住牧者，共佐领一百一十四个半。

青海(蒙古)各旗户口

郡王达什仲鼐所属蒙古五百三十户，僧俗男妇大小一千七百四十三名口。

郡王沙克都尔所属蒙古二百六十六户，僧俗男妇大小二千三百七十四名口。

郡王车灵端多普所属蒙古六百零三户，僧俗男妇大小三千五百九十八名口。

贝勒札木巴勒多尔吉所属蒙古六百三十三户，僧俗男妇大小二千七百四十六名口。

贝勒特礼巴勒珠尔所属蒙古四百四十六户，僧俗男妇大小二千一百二十二名口。

贝子车尔特恩多尔济所属蒙古三百九十八户，僧俗男妇大小一千七百三十九名口。

贝子格勒克拉布坦所属蒙古一百九十八户，僧俗男妇大小六百五十一名口。

贝子拉特纳锡第所属蒙古—百四十七户，僧俗男妇大小六百一十三名口。

公拉特纳希第所属蒙古五十三户，僧俗男妇大小一百二十三名口。

公林沁望书克所属蒙古五十三户，僧俗男妇大小一百八十一名口。

公依希达尔吉所属蒙古一百五十八户，僧俗男妇大小五百九十三名口。

公格勒克拉布吉所属蒙古八十九户，僧俗男妇大小四百二十六名口。

台吉旺札尔多尔吉车布腾所属蒙古一百四十五户，僧俗男妇大小四百四十八名口。

台吉多尔吉旺吉尔所属蒙古一百零二户，僧俗男妇大小四百六十六名口。

台吉端多布所属蒙古三十五户，僧俗男妇大小一百八十九名口。

台吉多尔吉所属蒙古二百四十户，僧俗男妇大小九百八十一名口。

台吉贡布札布所属蒙古一百零四户，僧俗男妇大小四百二十名口。

台吉玛吉格策令所属蒙古六十三户，僧俗男妇大小二百六十九名口。

台吉望舒克所属蒙古二百零七户，僧俗男妇大小一千零九十八名口。

台吉吉克吉加布所属蒙古一十四户，僧俗男妇大小五十七名口。

台吉达玛令策令所属蒙古五十六户，僧俗男妇大小一百七十二名口。

台吉索诺木明珠尔所属蒙古七十四户，僧俗男妇大小一百四十名口。

台吉吉克默特所属蒙古一百二十一户，僧俗男妇大小八百八十一名口。

台吉恭布多尔吉所属蒙古一百一十三户，僧俗男妇大小三百五十八名口。

台吉恩开巴雅尔所属蒙古一百九十四户，僧俗男妇大小五百三十九名口。

台吉洛布藏吹达尔所属蒙古二百七十三户，僧俗男妇大小一千一百一十名口。

台吉敦住布纳木札尔所属蒙古一百七十三户，僧俗男妇大小六百三十二名口。

台吉格勒克拉布坦所属蒙古一百四十四户，僧俗男妇大小五百四十一名口。

喇嘛查〔察〕汉诺们罕所属蒙古五百九十六户，僧俗男妇大小三千七百二十五名口。

以上二十九旗札萨克各〔共〕属蒙古六千二百一十六户，共僧俗男妇大小二万八千九百三十五名口。此系嘉庆十五年查造。

各旗章京额数

每旗协理台吉一员，管旗章京一员，梅勒章京一员，每五佐领设札兰章京一员，每佐领设佐领、领催各一员。

王公之子应戴顶戴

亲王[5]之子，头品台吉顶戴。

郡王、贝勒之子，二品台吉顶戴。

贝子之子，三品台吉顶戴。

公、头等台吉之子，四品台吉顶戴。

王公等护卫等员额数

亲王　长史[6]一员，头等护卫六员，四品典仪[7]一员，二等护卫六员，五品典仪一员，三等护卫八员，跟役三十七名。

郡王　长史一员，头等护卫六员，五品典仪一员，二等护卫四员，六品典仪一员，三等护卫五员，跟役三十二名。

贝勒　长史一员，二等护卫六员，五品典仪一员，三等护卫四员，跟役二十八名。

贝子　长史一员，三等护卫六员，六品典仪一员，跟役二十七名。

公　典仪一员，三等护卫四员，跟役二十五名。

头等台吉　跟役十五名。

二等台吉　跟役十二名。

三等台吉　跟役八名。

四等台吉　跟役四名。

青海王公等俸银俸缎数目

郡王三员，每员每年领俸银一千二百两，俸缎十五匹。

贝勒二员，每员每年领俸银八百两，俸缎十三匹。

贝子三员，每员每年领俸银五百两，俸缎十匹。

公四员，每员每年领俸银二百两，俸缎七匹。

台吉十六员，每员每年领俸银一百两，俸缎四匹。

札萨克喇嘛查[察]汉诺们罕不支俸银俸缎。

每年共计俸银九千二百两，由西宁道库动拨；俸缎一百九十三匹，由理藩院包差附带支给。

青海公中札萨克二员

台吉吉克吉加布

台吉德沁

注释：

[1]原本无目，“青海蒙古”系校注者拟加。

[2]原本无目，“各旗驻牧地”系校注者拟加。

[3]旗：明万历年间，满族首领努尔哈赤在统一女真各部过程中，创建八旗制度。初期，兼有军事、行政、生产三方面的职能，后来成为兵籍编制，以旗色为标志，分正黄、正白、正红、正蓝。至万历四十三年(1615)，增镶黄、镶白、镶红、镶蓝，称八旗。其中镶黄、正白、正黄为上三旗，也称内府三旗，清初直属亲军，其余为下五旗。此外，又将所统治的蒙古族和汉军也编旗管理。今为内蒙古的行政区划名称，相当于县。

[4]辅国公：爵位名。晋代始有开国郡公、县公之称，历代沿置不改。宗室封爵，唐、宋、辽、金四代亦有国公之称，明以后去“开国”二字，清代称为镇国公和辅国公，次于贝勒、贝子。

[5]亲王：爵位名。其名始于南朝陈。隋代以皇帝的伯叔兄弟和皇子为亲王，唐代以皇帝的兄弟和皇子为亲王。宋明两代，一般因袭不改。清代宗室封爵第1等称为和硕亲王，主要以封皇子。蒙古贵族也有封亲王者。

[6]长史：官名。秦时设，西汉时为丞相、太尉、御史大夫的属官，

东汉时为太尉、司徒、司空的辅佐官员，职任颇重。历代王朝亦均沿置长史，总管府内事务。

[7]典仪：官名，南北朝设置，掌管朝会司仪。

九、青海诸番[1]

分布及户口[2]

贵德厅所属生熟各番[3]

贵德厅所管熟番五十四族三沟在内：

东车沟熟番　一十四族，共番民五百六十四户。额设百户一名，每年应纳粮五千石四斗六升五合五勺。

揽角沟熟番　十族，共番民一百九十一户。额设百户一名，每年应纳粮一十一石七斗九升七合五勺。

上下工巴熟番　二十三族，共番民四百二十七户。额设百户二名，每年共应纳粮二十二石九斗一升。

坎布拉熟番　七族，共番民二百(零)一户。额设百户一名，每年共应纳粮二十九石九斗四升一合五勺。

以上三沟(及)坎布拉共熟番五十四族，共番民一千三百八十三户。共额设百户五名，每年通共应纳粮一百一十五石一斗一升四合五勺。

生番一十九族：

下拉安族　番民五十三户。

思昂拉族　番民六十四户。

洛课族　番民二十七户。

别咱族　番民二十一户。

阿革拉族　番民二十一户。

牙隆族　番民四十五户。

必波车族　番民一十五户。

波寨族　番民一十五户。

思尕布族　番民一十八户。

多加族　番民二十三户。

沙思定族　番民九十户。

尔加向族　番民四十二户。

安冲族　番民五十二户。

什加家族　番民七十户。

灭陆族　番民一十七户。

陆哇族　番民一十五户。

国巴族　番民二十八户。

上下揣咱族　番民六十三户。

上拉安卓寨尔族　番民七十六户。

以上生番十九族,共番民七百五十五户。共额设千户四名,百户五名,百长三名。每年共应纳粮三十六石一斗一升一合一勺。

野番八族：

上下刚咱族　番民七十五户。

都受族　番民八十一户。

渊住族　番民七十三户。

赞咱塘族　番民二十一户。

完受族　番民三十六户。

他尔迭族　番民四十三户。

他受族　番民二十三户。

汪什代族　番民二十二户。

以上共野番八族，共番民三百七十四户。额设千户一名，共额设百户十二名。每年共应纳粮一十二石一升七合四勺。

连前熟生野共番八十一族，统共番民二千五百一十一户。共额设千户五名，百户二十二名，百长三名。每年统共应纳粮一百六十三石二斗四升三合。

编定保甲户口生野各番此十一族向不安静：

揣咱族　六十三户，分六牌[4]管束。总头目千户尖木赞，总牌百户完的，牌长六名。男：大一百二十四名口，小四十四名口；女：大一百二名口，小四十一名口。

千布录族　六十二户，分六牌管束。总头目千户纳拉本，总牌百户录加，牌长六名。男：大一百一十四名口，小六十四名口；女：大九十六名口，小六十五名口。

完受族　七十户，分七牌管束。总头目千户卡勒才，总牌什尼雅乌，牌长七名。男：大一百二十二名口，小七十六名口；女：大一百一十名口，小七十二名口。

上刚咱族　三十五户，分三牌管束。总头目百户麻只格，总牌百户年卡本，牌长三名。男：大六十名口，小三十三名口；女：大五十二名口，小三十一名口。

下刚咱族　四十户，分四牌管束。总头目百户札什端住，总牌百户色只，牌长四名。男：大六十一名口，小二十二名口；女：大五十四名口，小一十七名口。

他受族　二十二户，分二牌管束。总头目百户工哇喇嘛，总牌百户多勒，牌长二名。男：大三十一名口，小一十六名口；女：大三十名口，小一十三名口。

卓尔族　四十五户，分五牌管束。总头目百户完的，总牌什尼雅才，牌长五名。男：大六十八名口，小二十九名口。

都受族　八十一户，分八牌管束。总头目百户九十科喇嘛，总牌百户完木格，牌长八名。男：大一百三十二名口，小五十八名口；女：大一百二十二名口，小六十六名口。

下拉安族　七十三户，分七牌管束。总头目千户三排，总牌百户他勒，牌长七名。男：大九十二名口，小六十一名口；女：大九十二名口，小五十六名口。

汪什代克族　二十二户，分二牌管束。总头目百户拉科，总牌年卡加，牌长二名。男：大三十八名口，小二十名口;女:大二十九名口,小九名口。

上拉安族　三十一户,分三牌管束。总头目百户完的,总牌纳巷才夫旦,牌长三名。男:大五十九名口,小三十二名口;女:大四十三名口;小二十六名口。

以上通共男女大小二千五百零八口。男:大九百零一名口,小四百五十六名口;女:大七百七十六名口,小四百二十五名口。

循化厅所属熟生各番[5]

循化厅所管熟生番七十族内,熟番十八族二沟在内:

起台沟　熟番五族,共番民一百八十五户。额设昂贳一名,每年共应纳粮一十八石五斗。

边都沟[6]　熟番七族,共番民七百一十二户。额设百户一名,每年共应纳粮七十一石二斗。

下龙布[7]　熟番六族,共番民五百八户。额设昂贳一名,每年共应纳粮五十石八斗。

以上二沟、下龙布共熟番一十八族,共番民一千四百五户。额设昂贳二名,百户一名,每年通共应纳粮一百四十石五斗。

生番五十二族内,南番[8]二十一族内:

甘家族　四百九十三户。

火力藏族　三百七十七户。

上南拉族　二百六十五户。

黑作族　六百九十一户。

下哈家族　四百八户。

下则盖族　三百九十户。

咱又族　二百五十四户。

多儿替族　二十九户。

常岗族　八十五户。

木垛族　四十七户。

其暗族　二十三户。

希力宁巴族　三十一户。

那力工族　二十八户。

思记族　三十二户。

贤湖洞族　七户。

章哇族　一十一户。

波合拭族　一百三十九户。

果莽族　五十一户。

波拉族　二百五十一户。

上哈家族　二百一十一户。

哈恰族、群陀课族、高达族　三百九十一户。

以上南番生番二十一族，共番民四千二百一十四户。额设千户一名，每年共应纳粮四百二十一石四斗。

西番阿巴拉八族内：

营朋族　一百一户。

攒都族　四十三户。

汶揑族　二十九户。

坡素古族　三十一户。

商处古族　三十二户。

达冲族　二十一户。

阿巴拉族　八十二户。

双朋族　八十一户。

以上西番阿巴拉生番八族,共番民四百二十户。额设昂贝一名,每年共应纳粮四十二石。

西番上龙布一十八族内:

加卧族　二百一户。

多柰族　二百户。

思记族　一百一户。

浪家族　二百一户。

麦受族　四十五户。

素胡族　二十六户。

札木族　一十三户。

铁布族　一十九户。

火力加族　三十户。

铁勿日族　四十户。

塞黑吉族　二十八户。

他思迭族　一十六户。

果思迭族　二百二户。

务细族　二百二户。

初密族　二百一户。

沙布浪族　一百一户。

和洛那族　一百户。

恩沾木族　二百三户。

以上西番上龙布生番一十八族,共番民一千九百二十七户。额设昂贳一名,每年共应纳粮一百九十二石七斗。

西番合儿五族内:

合儿族　一百二十二户。

多巴族　一百二十一户。

深儿宗族　五十二户。

贳那族　一百一户。

哈儿则满束族　八十四户。

以上西番合儿生番五族,共番民四百八十户。额设百户一名,每年共应纳粮四十八石。

以上生番五十二族,共番民七千四十一户。额设千户一名,百户一名,昂贳一名。每年共应纳粮七百四石一斗。

连前熟生共番七十族,统共番民八千四百四十六户。共额设千户一名,百户二名,昂贳四名。每年通共应纳粮八百四十四石六斗。查以上族名、户口、名数,系照雍正年间番民投诚查造过族分名目,是以与本年查造保甲族名、户口不对〔符〕。

编定保甲户口生野各番

加咱族　七十七户，分八牌管束。总头目洛车喇嘛，总牌加咱喇嘛，牌长八名。男：大一百三名口，小一百三十二名口；女：大九十二名口，小一百二十八名口。查加咱族系嘉庆二年奉文饬查新附族名，旧案内并无其名，亦未纳有番粮。

古尔族　一百一十一户，分十一牌管束。总头目喇嘛，总牌完木，牌长十一名。男：大一百七十名口，小五十二名口；女：大一百四十三名口，小五十三名口。查古尔的族系从粮册上龙布族内分出小族，旧案内无此族，是以不符。

汪什加族　五十八户，分六牌管束。总头目才浪札什，总牌色尔才浪，牌长六名。男：大八十九名口，小四十九名口；女：大七十七名口，小五十九名口。查汪什加族从粮册上龙布族内分出小族，旧案内无此族，是以不符。

多哇族　一百六十一户，分十六牌管束。总头目乙旦木，总牌喇嘛，牌长十六名。男：大二百六十三名口，小一百三十一名口；女：大二百四十九名口，小一百三十八名口。查多哇族，即旧案粮册内多巴族。

瓜什济族　五十二户，分五牌管束。总头目喇嘛，牌长五名。男：大一百二名口，小六十九名口；女：大七十一名口，小三十六名口。查瓜什济族，从粮册多巴族内分出小族，旧案内无此族，是以不符。

索诺黑族　六十二户，分六牌管束。总头目洛布藏，总牌喇嘛加，牌长六名。男：大九十六名口，小五十名口；女：大七十一名口，小三十二名口。查索诺黑族，即旧案粮册内贸那族。

沙布浪族　一百一户，分十牌管束。总头目喇嘛，牌长十名。男：大一百七十名口，小一百四名口；女：大一百八十一名口，小五十八名口。

贺尔族　二百二十九户，分二十三牌管束。总头目百户化洛，总牌铨巴、拉千贯，牌长二十三名。男：大二百七十九名口，小二百四名口；女：大二百九十四名口，小六十五名口。

日贯工玛族　七十九户，分八牌管束。总头目化洛，总牌那木拉尕登，牌长八名。男：大一百四名口，小四十八名口；女：大七十九名口，小四十八名口。查日贯工玛族，从粮册合儿族内分出小族，旧案内无此族，是以不符。

叶什群族　十七户，分二牌管束。总头目化洛，总牌那木拉尕登，牌长二名。男：大二十二名口，小十五名口；女：大十八名口，小十五名口。查叶什群族，从粮册合儿族内分出小族，旧案内无此族，是以不符。

思慢受族　二十八户，分三牌管束。总头目化洛，总牌那木拉尕登，牌长三名。男：大三十二名口，小二十五名口；女：大二十八名口，小九名口。查思慢受族，即旧案粮册内哈尔则满束族。

官受族　九十四户，分九牌管束。总头目洛布藏，总牌干冬，牌长九名。男：大一百一十五名口，小一百二十七名口；女：大一百九名口，小八十一名口。查官受族，从粮册多巴族内分出小族，旧案内无此族，是以不符。

麦受族　五十四户，分五牌管束。总头目且令三木主，牌长五名。男：大一百名口，小一十九名口；女：大六十七名口，小二十四名口。

以上通共男女大小四千八百六十五名口内，男：大一千六百四十五名口，小一千二十五名口；女：大一千四百七十九名口，小七百一十六名口。查以上族名、户口，系本年编查保甲，在于西番上龙布、贺儿〔尔〕、多哇等族内分出名目，户口，是以与旧存案内族名、户口不符。

玉树等族各番[9]

一、住牧奇可地方巴彦囊谦族[10]，千户一员。

一、附住巴彦囊谦族界内桑色尔族[11]，百长一员。

一、巴彦囊谦族界内隆束族[12]，百长一员。

一、附住巴彦囊谦族界内绰火尔族[13]，百长一员，共外委百长[14]十五名，管辖番人二千二十户。每年额征银一百六十一两六钱。

一、住牧东提地方阿里克族，百户二员，外委百长九员，管辖番人九百一十九名。每年额征银七十三两五钱二分。查阿里克族原住东提地方，近年因躲避果罗〔洛〕克偷抢，挪住贝子车尔特恩多尔济游牧界内依克乌兰、巴哈乌兰、哈尔盖一带地方及贝子拉特纳锡第游牧界内才吉、哈达兔、均沙尔哈地方，公格勒克拉布吉游牧界内布哈河沿、哈尔盖等处地方住牧。

一、住牧蒙古尔津地方蒙古尔津族[15]，百户一员，外委百长四员，管辖番人三百八十户。每年额征银三十两四钱。

一、住牧札苦地方雍希叶布族[16]，百户一员，外委百长二员，管辖番人一百二十二户。每年额征银九两七钱六分。

一、住牧苦苦乌素地方玉树族[17]，百户四员，外委百长八员，管辖番人五百六户。每年额征银四十两四钱八分。

一、住牧萨木春地方苏鲁克族[18]，百户一员，外委百长一员，管辖番人一百三户。每年额征银八两二钱四分。

一、住牧普都克地方尼牙木错族[19]，百户一员，外委百长四名，管辖番人二百八十四户。每年额征银二十二两七钱二分。

一、住牧鲁尔札地方固察族[20]，百户一员，外委百长二名，管辖番人一百四十八户。每年额征银一十一两八钱四分。

一、住牧霞乌地方称多族[21]，百户一员，外委百长四名，管辖番人三百七十三户。每年额征银二十九两八钱四分。

一、住牧楚贡地方多伦尼托克安图族，百户一员，外委百长一名，管辖番人九十一户。每年额征银七两二钱八分。

一、住牧楚贡地方多伦尼托克阿萨克族，百长一员，管辖番人三十四户。每年额征银二两七钱二分。

一、住牧楚贡地方多伦尼托克列玉族，百长一员，管辖番人二十九户。每年额征银二两三钱二分。

一、住牧楚贡地方多伦尼托克阿永族，百长一员，管辖番人四十八户。每年额征银三两八钱四分。

一、住牧楚贡地方多伦尼托克华尔吉族，百长一员，管辖番人三十户。每年额征银二两四钱。

一、住牧楚贡地方多伦尼托克拉尔吉族，百长一员，管辖番人二十三户。每年额征银一两八钱四分。

一、住牧楚贡地方多伦尼托克典巴族，百长一员，管辖番人二十四户。每年额征银一两九钱二分。

一、住牧阿拉尼克地方隆布族[22]，百户一员，外委百长四名，管辖番人二百八十九户。每年额征银二十三两一钱二分。

一、住牧伦多布领地方札武族[23]百户一员，外委百长五名，管辖番人三百四户。每年额征银二十四两三钱二分。

一、住牧巴尔通地方札武族，百户一员，外委百长二名，管辖番人一百五十二户。每年额征银一十二两一钱六分。

一、住牧巴尔通地方下札武族，百户一员，外委百长二名，管辖番人一百四十七户。每年额征银一十一两七钱六分。

一、附住札武族界内班石族[24]，百长一员，管辖番人一十三户。每年额征银一两四分。

一、住牧达布素地方上阿拉克硕族[25]，百长四员，管辖番人一百三十三户。每年额征银一十两六钱四分。

一、住牧吉聚地方下阿拉克硕族，百户一员，外委百长五名，管辖番人三百五户。每年额征银二十四两四钱。

一、住牧吉润地方上隆巴族[26]，百户一员，外委百长二员〔名〕，管辖番人一百五十四户。每年额征银一十二两三钱二分。

一、住牧苏尔莽地方苏尔莽族，百户一员，外委百长三名，管辖番人三百五十户。每年额征银二十八两。

一、住牧吉都忒地方下隆坝族，百户一员，外委百长二名，管辖番人一百四十九户。每年额征银一十一两九钱二分。

一、住牧登朴地方格尔吉族，百户一员，外委百长三名，管辖番人三百九十二户。每年额征银三十一两三钱四分。

一、住牧登朴地方格尔吉族，百户一员，外委百长二名，管辖番人一百九十七户。每年额征银一十五两七钱六分。

一、住牧登朴地方格尔吉族，百户一员，外委百长二名，管辖番人二百四户。每年额征银一十六两三钱二分。

一、住牧觉木齐莫地方洞巴族[27]，百长三员，管辖番人八十户。每年额征银六两四钱。

一、住牧乌哈那达地方白利族[28]，百长一员，管辖番人五十五户。每年额征银四两四钱。

一、住牧东勒孙河地方哈尔受族[29]，百长一员，管辖番人三十户。每年额征银二两四钱。

一、住牧吹冷多尔多地方吹冷多尔多族[30]，百长一员，管辖番人三十户。每年额征银二两四钱。

一、附住巴彦囊谦族界内觉巴拉族[31]，百长一员，外委百长一名，管辖番人五十户。

一、住牧拉布苦克地方拉布族[32]，百长一员，外委百长一名，管辖番人二十四户。查觉巴拉、(拉布)二族番人七十四户，充当送文济渡之差，免征贡马银两。

以上归隶本衙门管辖番人三十九族内，共千户一员、百户二十四员、百长二十二员，俱系咨请题袭，部颁号纸[33]。外委百长八十四名，均系本衙门发给委牌。共管番人八千一百一十八户。每户每年额征银八分，共应征银六百四十九两四钱四分。

每三年奏派章京一员，会同绿营守备一员，带绿营马战兵二十名，青海蒙古兵五十名，以资捍卫。在于酬赏银内拨给一百四十两，置办茶、布、银牌等物备带，赴尼牙木错所管康格松多地方，设宴会盟，查办事件。一次往回约计三个月有余。西宁县约供官兵、章京、蒙古兵丁盐、粮、锅、帐、驮马、鞍屉、羊、茶等项银九百四十余两。

初定玉树等族番千百户等职

雍正十年,奏定:玉树等番族所管千人以上之部落设千户一名,百人以上之部落设百户一名。再千户之下酌放百长五六人,百户之下酌放百长三四人。其不及百户之部落设立百长一名,每十户设一什长。各头目给以号纸,以资管束。按百户每年贡马一匹,折征银八两。不足百户者按户递算,每户征银八分。

注释:

[1]原本无目,“青海诸番”系校注者加。

[2]原本无目,“分布及户口”系校注者加。

[3]贵德厅所属生熟各番:包括今青海省海南藏族自治州属的贵德、贵南、同德县和黄南藏族自治州尖扎县部分地区住牧的藏族部落。

[4]牌:为藏族最基层的地方行政单位,每十户为一牌。

[5]循化厅所管熟生各番:包括今青海省循化、同仁、泽库县和甘肃省甘南藏族自治州的一部分藏族部落。所记族名、户口等与乾隆时《循化厅志》卷四“族寨工屯”的记载相同。

[6]边都沟:也叫文都沟,今循化撒拉族自治县文都乡。

[7]下龙布:即今黄南藏族自治州同仁县下隆务族。

[8]南番:指今甘肃省甘南藏族自治州藏族。清乾隆二十七年(1762)

河州设循化厅，移河州通判驻之，在今夏河县境内置“南番二十寨”。自此以后，军事归河州镇，吏治属循化厅。

[9]玉树等族各番：指今青海省玉树藏族自治州境内二十五个藏族部落。

[10]巴彦囊谦族：为玉树二十五族中的大族，有千户一员，住色鲁马庄(今囊谦县觅扎乡)。

[11]桑色尔族：《玉树调查记》作“南称桑巴尔族”。

[12]隆東族：《玉树调查记》作“南称隆冬族”。

[13]绰火尔族：《玉树调查记》作“南称卓达尔族”。

[14]外委百长：属于不发号纸，地位低于百长的百长。比附于绿营之外委军官的“外委”名义。

[15]蒙古尔津族：据说明晚期，土默特蒙古的蒙古尔津部曾一度征服这个部落，遂以蒙古尔津为其族名。其实牧民皆为藏族，对此目前尚无定论。蒙古尔津族后来分为竹节族及白力登马族，住牧于扎曲河流域，蒙古尔津之名除古籍中提及外，一般已不使用。

[16]叶布族：一作永沙普，亦称永夏族，住牧于扎曲河流域。

[17]玉树族：玉树又称由受、玉舒等名称，分为将赛、总举、鸦拉、戎模等四族，住牧于通天河上游，今属治多县。

[18]苏鲁克族：一作噶尔布族，住牧于鄂穆曲河南，属囊谦县。

[19]尼牙木错族：亦称娘磋族，也作年措，住牧于北濒星宿海南至通天河一带，今属称多县。

[20]固察族：在通天河东北岸，今属称多县赛河乡。

[21]称多族：在通天河东岸，今属称多县。

[22]隆布族；亦称迭达族，住牧于通天河西岸，今属玉树县。

[23]札武族：也称大乌族，住牧于通天河南岸，今属玉树县。

[24]班石族：属札武族分支，住牧于通天河南岸，今属玉树县。

[25]阿拉克硕族：分上、下阿拉克硕族，并为拉秀族，住牧于子曲河南北，今属玉树县。

[26]隆巴族：即隆坝族，亦称中坝族。上隆坝族即中坝得马族，下隆坝族即中坝麦马族。后得马族又分出中坝班马族，住牧于今囊谦吉曲河及当木曲河流域。

[27]洞巴族：亦作东巴族，后附属囊谦部落。

[28]白利族：系一户口不多的百长部落，约于清同治、光绪年间移至藏北夏曲河流域。

[29]哈尔受族：住牧地在今曲麻莱县境内，后称哈秀，附属于札武族。

[30]吹冷多尔多族：即吹灵多尔多寺百长，附属拉休族。

[31]觉巴拉族：原住牧在巴彦囊谦族界内，负责各族会盟时递传公文差役，由此免除贡马之赋。

[32]拉布族：住牧通天河流域的称多一带。

[33]号纸：即授职文书。一般用黄缎，上书汉、藏文字的委任状。

十、贵德厅土兵[1]

明洪武十三年，修筑贵德土城，工竣，因其地土著多系羌戎，故拨河州民四十八户前往贵德开垦守城，自耕自食，不纳丁粮。又于河州卫世袭百户[2]三名,携眷同往驻守。

乾隆四年,定为中、左、右三哨,设民千总三员,民把总八员,民兵一千二百八十三名。

注释:

[1]贵德厅土兵:亦作"归德民兵"。

[2]世袭百户:即王猷、周鉴、刘庆三人,贵德王、周、刘三屯百户的始祖。

十一、西宁至西藏路程

自西宁至穆鲁乌素河,计三十程,共一千七百一十里。自穆鲁乌素河至西藏,计三十七程,共一千九百六十里。右自西宁至西藏大诏止,共计六十七程路,三千六百七十里。

十二、贡　　赋[1]

额征银两[2]

西司[3]**每年额引**[4]**并征收茶课银两**

西宁司每年额引九千七百一十二道，每道准运官茶[5]十五封，内除商人脚力盘费茶五封外，每道应纳课官茶五篦[6]，每篦合茶二封，共合茶九万七千一百二十封。内除签留皋兰搭支新疆兵饷茶九千七百一十二封，下剩茶八万七千四百八封，系商人变卖纳课。

每引一道征引银二钱。引银，即官礼，共纳引银一千九百四十二两四钱。每道剩茶九封，每封征银三钱，共银二两七钱，共应征改折银二万六千二百二十二两四钱。二共银二万八千一百六十四两八钱，每年夏冬二季报解全完，并未拖欠。

再查今年上半年所征系十三年未完之项，下半年所征系十四年之项。再查商人甲年请领部引，乙年运茶，丙年交课，是以十六年下半年开征十四年之课。此系奉部原议，不谓迟滞。

西宁司 每年额引九千七百一十二道，每道应征引银十二两，共应征引银一千九百四十二两四钱。每道引征改折银二两七钱，共应征改折银二万六千二百二十二两四钱。二共应征银二万八千一百六十四两八钱。

西宁府 每年应解各项税银二千九百八十四两八钱，连前共应解银二万一千一百四十九两六钱。一、库存嘉庆十四年分改折银一万六百二十八两三钱。一、库存嘉庆十四年分引银一千五百五十六两六钱。一、库存本年各项税银二千四十一两一钱七分。三共存库银一万四千二百二十六两七分。

西宁县 每年征收原额油磨税银五百九两四钱,每年征收无额契税[7]银四百五十余两不等。应贮历年各项银二千四百三十六两九钱三分九厘二毫:一、贮备供银二千三百二十两三厘五毫;一、贮经费银七十四两七钱四厘;一、贮堪布口食银四十两五钱;一、贮流犯收赎银七分五厘;一、贮存剩耤田[8]粮石变价银一两六钱五分六厘七毫。

碾伯县 每年征收原额油磨税银二百七十八两七钱,每年征收无额契税银三十余两不等,共贮各年田房契税银二百五十两五钱七分五厘。

大通县 每年征收原额油磨税银一百一十六两三钱七分五厘,每年征收无额契税银四十余两不等。

各厅县粮数

贵德厅 每年额征屯科仓斗粮[9]四百九十七石六升三合三勺例不征耗[10],每年额征番贡仓斗粮[11]一百六十三石二斗四升三合,应贮历年各项仓斗粮八千三百六十二石九斗一升四合八勺。

巴燕戎格厅 每年额征番垦仓斗粮五百三十八石五斗六合,应贮历年各项仓斗粮一万一千九百石九斗二升七合五勺。

西宁县 每年额征屯科仓斗粮一万六千八百八十五

石三斗五合四勺，每年额征耗粮仓斗粮二千五百三十二石七斗九升五合七勺，每年额征番贡仓斗粮五千三百八十石四斗七升一合，每年额征屯科七筋草[12]四十九万九千一百二束九分五厘一毫。应贮历年各项仓斗粮二十万六千七百七十三石九斗二升三合二勺，内：仓斗碗豆一万五百三十六石八斗二升六合三勺，仓斗大豆一十二万三百七十八石三斗三升四合九勺，仓斗青稞七万四千七百四十四石四斗九升九合七勺，仓斗粳米一百二十三石六斗二升七合六勺，仓斗粟米九百九十一石六斗三升四合六勺。应贮历年各项七筋草二百七十八万五千四百一十四束四分五厘。

碾伯县 每年额征屯科仓斗粮七千五百九十四石六斗八升四合五勺，每年额征耗羡仓斗粮一千一百三十九石二斗二合七勺，每年额征番贡仓斗粮八百五十一石八斗一升六合二勺，每年额征屯科七筋草一十九万三千六百二十七束八分八厘。应贮历年各项仓斗粮五万一千六百八十二石六斗八合四勺，内：仓斗小麦四千四百七十七石七斗三升三合九勺，仓斗豌豆一千八百三十三石八斗六升三合九勺，仓斗青稞一万二千八百八石八斗一升三合，仓斗大豆一万四百四十五石五升八合七勺，仓斗大麦二万二千八十五石五斗九合七勺，仓斗杂粮五石五斗九勺，仓斗谷二十六石一斗四升。应贮历年各项七筋草二百四十万八千八百七十束七分三厘。

大通县 每年额征屯科仓斗粮一千九百九十五石八斗三升九合五勺,每年额征耗羡仓斗粮二百九十九石三斗七升五合九勺,每年额征番贡仓斗粮四千一百五十八石八合五勺,每年额征屯科七筋草五万八千九百二十三束四分八厘。应贮历年各项仓斗粮四万一千三百二十九石二斗八升三合七勺,内:仓斗粟米一升一合三勺,仓斗小麦三十石七斗五升六合九勺,仓斗豌豆七千四百七十八石一斗七升八合三勺, 仓斗青稞二万一百二十六石四斗三合三勺,仓斗大豆一万三千六百九十三石九斗三升二合八勺。应贮历年各项七筋草一十八万八千八百六十七束二分八厘。

丹噶尔主簿 每年额征番贡仓斗粮四百八十七石五斗三合五勺,应贮历年番贡仓斗青稞三千七百三十七石六斗四升七合七勺。

兵马饷粮[13]

西宁镇属标路各营原额马步守兵饷粮数目

西宁镇属标路各营原额马步守兵七千八百六十五名内,镇标五营马步兵丁二千八百四十一名,内:马兵一千四百七十七名, 每名每岁额支饷粮折银二十四两一钱六分,共银三万五千六百八十四两三钱二分;步兵一千三百六十四名,每名每岁额支饷粮折银一十八两一钱二分,共银二万四千七百一十五两六钱八分。二共银六万四百两。

协路各营马步守兵五千二十四名内,马兵一千七百十名，内：

大通协营马兵三百四十七名，每名每岁额支饷粮折银三十六两五钱七分二厘，共银一万二千六百九十两四钱八分四厘。

永安营马兵一百六十五名，每名每岁额支饷粮折银三十八两八钱五分六厘，共银六千四百一十一两二钱四分。

白塔营马兵九十四名，每名每岁额支饷粮折银二十八两，共银二千六百三十二两。

以上三营通共岁额饷粮银二万一千七百三十三两七钱二分四厘。其余各营马兵一千一百四名，每名每岁额支饷粮折银二十五两六钱，通共岁额银二万八千二百六十二两四钱。

协路各营步兵二千一百六十四名，内：

大通协营步兵三百六名，每名每岁额支饷粮折银二十七两四钱二分八厘，共银八千三百九十二两九钱六分八厘。

永安营步兵三百七十四名，每名每岁额支饷粮折银二十九两一钱三分四厘，共银一万八百九十六两一钱一分六厘。

白塔营步兵一百八十三名，每名每岁额支饷粮折银二十一两，共银三千八百四十三两。

以上三营通共岁额二万三千一百三十二两八分四厘。其余各营步兵一千三百一名，每名每岁额支饷粮折银一十九两二钱,共银二万四千九百七十九两二钱。

协路各营守兵一千一百五十名,每名每岁额支饷粮折银一十二两八钱,共银一万四千七百二十两。

以上标路各营马兵三千一百八十七名,每岁通共额支银八万五千六百八十两四钱四分四厘。步兵三千五百二十八名,每岁通共额支银七万二千八百二十六两九钱六分四厘。守兵一千一百五十名,每岁通共额支银一万四千七百二十两。以上通共银一十七万三千二百二十七两四钱八厘。

标路各营原额兵丁营马

原额兵丁营马三千一百八十七匹,内:

镇标五营原额兵丁营马一千四百七十七匹,内除奉派新疆各处屯防兵丁扣缺马九十六匹外,实在营马一千三百八十一匹,内:

冬春六分在槽喂养马八百二十九匹,每匹每日额支料三升,草二束。共料四千四百七十六石六斗,共草二十九万八千四百四十束四分。在厂牧放马五百五十二匹,每匹每日额支草乾银三分,共银二千九百八十两八钱。

夏秋二季在槽、在厂马一千三百八十一匹,每匹每日额支草乾银三分,共银七千四百五十七两四钱。

协路各营原额兵丁营马一千七百一十匹,内除奉派新疆各处屯防兵丁扣缺马七十六匹外,实在营马一千六百三

十四匹,内:

冬春六分在槽喂养马九百八十匹,每匹每日额支料三升,草二束。共料五千二百九十二石,共草三十五万二千八百束四分。在厂牧放马六百五十四匹,每匹每日额支草乾银三分,共银三千五百三十一两六钱。

夏秋二季在槽、在厂马一千六百三十四匹,每匹每日额支草乾银三分,共银八千八百二十三两六钱。

标路各营一岁共支料九千七百六十八石六斗,标路各营一岁共支草六十五万一千二百四十束,标路各营一岁共支草乾银二万二千七百九十三两四钱。

注释:

[1]原本无目,"贡赋"系校注者拟加。

[2]原本无目,"额征银两"系校注者拟加。

[3]西司:即西宁茶马司,设立于清顺治二年(1645),办理"招中茶马法",由陕西茶马御史管理。康熙四十四年(1705)撤销。

[4]引:原为长度单位,古以十丈为一引。又为重量单位。元有茶引,明清有盐引,每引规定斤数,历代不同。明太祖时期规定茶商由产地贩茶,需缴纳税款,请领执照,称为"请引"。每引规定可贩茶100斤,缴纳税款200钱。不及引者,谓之"畸零",另行发给由帖。无"由引"及茶引不等者,即是私茶。清时由于制作等等原因,运销于青海黄河以北汉蒙藏地区的茶叶,在陕西加工,用厚纸封包,称为官茶,或官封,16封为1引,约重84斤。此外运销于玉树等的茶引,由炉城请

引(详见《玉树调查记》97页)。其行销于甘南、黄南、果洛等地者,还有松州大茶,以竹篓装运,其请引手续则在松潘。后两者均不在西宁茶马司管辖之下。

[5]官茶:明代的茶有有官茶、商茶、私茶之分。官茶,即茶马司从产地四川、汉中等地每10株官取其一;无主茶园,全军薅采,十取其八,以易番马。每50为1包,作为官茶,运到茶马司,交换马匹。商茶,即商人向政府纳税后贩卖的茶。每年由商人向户部购买"茶引",每一道茶引纳钱1000,附茶100斤。每引给附茶40斤,作为本商脚力费。私茶,无引贩茶,或者茶引与茶数不符,即为私茶。

[6]篦:茶马比价中茶的量词,一篦重10斤。清初,上马给茶12篦,中马给茶9篦,下马给茶6篦。

[7]契税:契,契约,文卷。古代把合同、总帐、案卷、具结,都称作契。契税,旧时民间购置田宅立契约后向官府交纳的税银。

[8]耤田:耤,音集。耕田,古代天子亲自耕种的田地,以供祭祀之用。

[9]屯科仓斗粮:简称屯粮。青海自汉代赵充国屯田湟中以来,历代均有屯田。屯田分军屯、民屯,也有少数的商屯。屯粮是对这些耕地所征田赋的名称。屯粮征收标准按下籽量计算,据《西宁府新志》:"湟中惟水田有赋,大都下籽一市斗,纳仓斗粮二斗五升,上则至三斗而止。"

[10]征耗:即耗羡粮,也叫耗粮。清代田赋一切附加,统称耗羡,是正粮以外的附加粮。雍正六年(1728)开始,每征正粮1石,随征耗粮2斗。

[11]番贡仓斗粮:简称番粮。主要指藏民耕种的田地所交纳的田

赋。番粮征收标准，据《西宁府新志》：“水地每下籽粒一仓石，征收仓斗番粮二斗五升；旱地每下籽粒一仓石，征收番粮一斗。”当时番粮征收标准各县不一。有的县（如循化）称为烟筒粮，以户为单位征收，每户1捧（藏族量词，约1斤左右）。

[12]屯科七筋草：简称屯草，是田赋之一，随粮征收，按下籽粒1市斗，纳大草3束或3束5分。屯草有大草、小草之分，也叫大束、小束，大草每捆18市斤，小草每捆7市斤。屯草随屯粮征收，番粮不随征草束。

[13]原本无目，“兵马饷粮”系校注者拟加。

十三、西宁（办事）大臣衙门原额养廉、工食并酬赏喇嘛，朱红、纸、笔银两数目

西宁办事大臣，每年养廉银一千两。

主事一员，每年养廉银五百两。

笔帖式三员，每员每年养廉银二百五十两。

书吏九名，每年工食银二百五十两。

译字喇嘛[1]二名，每年工食银七十二两。

犒赏蒙、番喇嘛等事宜银一千两。

以上各项银两，每年在西宁道库动拨，养廉（银）按四

季支拨,工食(银)按年支领,酬赏(银)按年动支。

砞红、纸、笔银六十两,每年在于西宁府税案内动拨。

嘉庆十七年孟夏那彦成记于湟[2]。

注释:

[1]译字喇嘛:即充任总理西宁衙门从事文字翻译工作的僧人。

[2]末句落款不见于李圭臣收藏手抄本及罗振玉《玉简斋丛书》所收木刻本,今据"文津本"加。

后　　记

《青海事宜节略》系1992年青海省少数民族宗教事务委员会少数民族古籍办公室组织整理、1993年由青海人民出版社首次出版的青海地方古籍之一。魏明章标注(以下简称标注本),由《青海事宜节略》《青海衙门纪略》《湟中杂记》三部分组成。

此次青海人民出版社重新出版该书,书名改定为《青海事宜节略(外二种)》,纳入《青海地方史志文献丛书》,大体上保留了魏明章的注释、断句、章节安排等整理成果。魏明章在标注本"前言"交代了该书的整理缘由、出版始末、版本来源等,有重要的价值,在此予以保留。此外,标注本后记中交代了该版本一些整理的细节,转录于下,以示对前辈的铭念和谢忱:

西宁市政协文史资料委员会魏明章同志对《青海事宜节略》手抄本进行了标注,大通回族土族自治县少数民族古籍整理办公室已故李葆艺同志对《湟中杂记》木刻本进行了标注。《青海事宜节略》和《青海衙门纪略》所用底本为李圭臣收藏手抄本,《湟中杂记》所用底本为罗振玉《玉简斋丛书》中所收的木刻本。鉴于魏明章同志和李葆艺同志根据不同版本都对《湟中杂记》进行了标注,我办通过青海省少数民族古籍工作评审委员会评委们的审定和协调,同意将二人的《湟中杂记》整理稿合并出版。比较二人整理的《湟中杂记》,李葆艺同志选用罗振玉刻本为底本,优于魏明章同志选用的李圭臣收藏手抄本;李葆艺同志在中央民族学院古籍整理进修班学习期间,利用了较多的文献资料和《湟中杂记》不同传抄本资料,达到了整理稿拾遗补缺的目的。其中"青海蒙古"部分"各旗驻牧地"增加的29条抄本注,在罗振玉刻本和李圭臣收藏手抄本中均无,是比较珍贵的资料。

标注本用《青海事宜节略》总括该书,将《青海衙门纪略》《湟中杂记》作为附录。但鉴于《青海事宜节略》《青海衙门纪略》《湟中杂记》是内容独立、作者各异的三部作品,这样安排次第似欠稳妥。故此次出版,书名改定为《青海事宜节略(外二种)》。与此相应,作者署名由"[清]长白文孚著"改为"[清]文孚、素纳著";"魏明章标注"改为"魏明章、李葆艺校注"。

本书特约编辑青海师范大学米海萍教授,提供了带有"文津馆"图纹字样的《湟中杂记》手抄本(以下简称"文津本")。"文津本"落款"嘉庆十七年孟夏那彦成记于湟",而标注本《青海事宜节略》附录的《湟中杂记》所依据的两种底本原无署名，魏明章考证《湟中杂记》的作者是“文孚”而非“那彦成”(详见其文：《〈青海事宜节略〉与〈湟中杂记〉》，载《青海档案》2001年第4期)。虽然参考了“文津馆”《湟中杂记》手抄本，但在尚未确证《湟中杂记》的作者之前，仍采信魏明章之说，仍以“文孚著《湟中杂记》”署名。相关商榷有待学界定论。

本书由魏明章、李葆艺两位先生校注，然而在我们再版此书之际，两位老先生却已仙逝。两位先生对青海地方史研究做出了重要的贡献，可惜我们在组织再版的过程中，未能联系到两位先生的家人。为使本书的学术价值不至湮没，我们仍然冒昧决定再版此书，请相关著作权人在看到本书后联系青海人民出版社，办理稿酬事宜。

特约编辑米海萍教授对此次出版的《青海事宜节略(外二种)》付出了很大心血，不仅精心编辑了书稿，而且在标注本的基础上做了进一步的拾遗补缺、纠错改讹。尤其是提供了难得的《湟中杂记》“文津馆”版本，在此深表谢意。

鉴于本书编纂者受所处时代的局限和个人思想观念的局限，加之从统治者眼光看待青海各地的少数民族及其社会生活，故而在书中多显露出上层的优越与缺乏了解青海少数民族文化的偏见，内容上难免存在糟粕，相信广大读者会用辩证唯物主义和历史唯物主义的观点来对待。

出版者于2017年12月